Pascal Thomas-Javid

W0054462

L'intrigante de Montpellier

Ernst Klett Sprachen
Stuttgart

Pascal Thomas-Javid
L'intrigante de Montpellier

1. Auflage   1 ^{5} ^{4} ^{3} ^{2} ^{1} | 2018 17 16 15 14

Alle Drucke dieser Auflage sind unverändert und können im Unterricht nebenein-
ander benutzt werden.
Die letzte Zahl bezeichnet das Jahr des Druckes. Das Werk und seine Teile
sind urheberrechtlich geschützt. Jede Nutzung in anderen als den gesetzlich
zugelassenen Fällen bedarf der vorherigen schriftlichen Einwilligung des Verlags.
Hinweis zu § 52 a UrhG: Weder das Werk noch seine Teile dürfen ohne eine solche
Einwilligung eingescannt und in ein Netzwerk eingestellt werden. Dies gilt auch
für Intranets von Schulen und sonstigen Bildungseinrichtungen. Fotomechanische
oder andere Wiedergabeverfahren nur mit Genehmigung des Verlags.
© Ernst Klett Sprachen GmbH, Rotebühlstraße 77, 70178 Stuttgart 2008
Alle Rechte vorbehalten.
Internetadresse: www.klett.de / www.lektueren.com
Redaktion : Sylvie Cloeren, Michèle Périgault
Layoutkonzeption: Elmar Feuerbach
Umschlaggestaltung: Elmar Feuerbach
Titelbild: laif (BORREDON Thierry/Hemispheres Images), Köln
Satz und Gestaltung: Swabianmedia, Stuttgart
Druck : Medienhaus Plump GmbH, Rheinbreitbach
Printed in Germany

ISBN 978-3-12-591413-1

Table des matières

Préface 4

Chapitre 1 6

Chapitre 2 11

Chapitre 3 16

Chapitre 4 21

Chapitre 5 26

Chapitre 6 31

Chapitre 7 35

Chapitre 8 38

Chapitre 9 41

Chapitre 10 43

Chapitre 11 49

Chapitre 12 54

Activités après l'écoute ou la lecture 58

Recette de la région 82

Le *passé simple* 83

Le *gérondif* 84

Liste des abréviations 85

Crédits photographiques 86

Fichier audio en ligne 87

Préface

Chères lectrices, chers lecteurs,

Le livre que vous avez en mains fait partie d'une collection qui va vous permettre de

- vous divertir grâce à la lecture d'une histoire policière. Laissez-vous prendre par le suspense et le récit !
- découvrir le petit morceau de France qu'est la ville de Montpellier. Partez en voyage dans une région peut-être encore inconnue !
- perfectionner votre maîtrise du français tant à l'écrit (grâce à cette lecture) qu'à l'oral (à l'aide du fichier audio. Vous trouverez le code d'accès page 87). Laissez-vous bercer par la musique des mots !

Comment vous divertir à la lecture d'un texte destiné à faire étudier le français langue étrangère ?
Chaque lecteur étant différent, nous ne sommes pas en mesure de vous donner la recette idéale pour entrer dans le récit. Par contre, nous pouvons vous offrir quelques conseils qui devraient vous être d'une grande aide.

- N'ouvrez pas votre dictionnaire, surtout n'essayez pas de traduire chaque mot. Faites appel à vos connaissances de votre langue maternelle ou d'une autre langue.
- Essayez de comprendre de quoi il est question en vous aidant du contexte et de ce que vous avez compris dans les chapitres précédents. Vos connaissances de la langue française sont certainement suffisantes pour vous permettre de comprendre l'essentiel. Et puis, les mots posant réellement un problème sont annotés en bas de page.
- Essayez de visualiser ce que vous lisez. Un livre, ce n'est pas une suite de mots imprimés. Entrez dans la lecture, le livre vous raconte un moment de la vie des personnages, dans un lieu bien

particulier. Imaginez-vous ces personnages, représentez-vous leur façon d'être, le cadre dans lequel ils évoluent. En bref, faites preuve d'imagination ! Et si celle-ci venait à vous manquer, prenez quelques minutes pour regarder les photos de Montpellier. Elles vous aideront à ressentir l'atmosphère dans laquelle se déroule l'histoire.

Et puis, pourquoi des activités en fin de livre ?

- Les activités vont vous permettre de vérifier que vous avez bien compris l'histoire.
- Si vous le désirez, vous pouvez aller au-delà de l'exercice : Travaillez à plusieurs, essayez d'écrire une histoire du même genre, allez sur Internet et faites des recherches sur la région. Trouvez une autre fin à l'histoire.
- Finalement, si vous n'arrivez toujours pas à voir ces activités comme un jeu, dites-vous qu'elles vous aideront à analyser, interpréter ou commenter un texte.

Considérez votre livre comme un ami qui vous accompagne un petit moment et qui vous aide à développer votre esprit critique ! Partez à sa découverte !

Et maintenant, assez parlé. Place à la lecture !

la place Jean-Jaurès

1 Armand hurla une dernière fois « Révolution ! » et le bruit qui emplissait le garage s'arrêta tout à coup. Il regarda rapidement les autres membres du groupe : Nathy à la guitare, Ben à la basse et Yo à la batterie ; puis il se tourna vers son père et lui
5 demanda :

– Alors, c'était comment ?

– Euh…, surprenant.

– Surprenant ? Comment ça ?

– Surprenant que les voisins n'aient pas encore porté plainte à la
10   police, dit son père en retenant un fou rire.

– Ah, ah, ah… Trop drôle ! répondit Armand, d'un ton moqueur. Non, sérieusement, qu'est-ce que tu en as pensé, de notre musique ?

■ *Den QR-Code für den Hörtext findet ihr auf der Seite 87.*
1 **hurler** crier très fort – 2 **emplir** → plein – 3 **un membre** *ici:* un musicien du groupe – 7 **surprenant** → surprendre – 9 **porter plainte** se plaindre à la police

– Dites-nous la vérité, monsieur Lebois, répliqua Nathy. Vous avez trouvé ça comment ?

– Eh bien, il reste encore quelques petites choses à améliorer, répliqua Monsieur Lebois. En ce qui concerne la puissance, vous n'avez pas de soucis à vous faire, vous arrivez à jouer fort, très fort même. La mélodie, s'il y en a une, est couverte par le bruit, donc honnêtement, je ne peux pas la juger. Et les paroles, ce n'est pas vraiment ça.

– Ben, qu'est-ce qu'ils ont, mes textes ? demanda Yo, derrière sa batterie.

– Ils ne sont pas très variés. Dans la dernière chanson que tu as écrite, Armand ne fait rien d'autre que hurler « Révolution, révolution ! » pendant quatre longues minutes. Tu pourrais peut-être essayer de développer le thème un petit peu.

– Mais, c'est ça, la révolte, répondit Yo. Ça se ressent, ça se crie, ça ne s'explique pas.

– Bon, reprit Monsieur Lebois, c'était très intéressant, mais il va falloir en rester là pour aujourd'hui, je vais avoir besoin du garage. Pourquoi est-ce que vous n'allez pas travailler vos textes au bord de la piscine ?

– On ne peut pas, monsieur, dit Ben. On va au Polygone, on a une commande de CD qui arrive aujourd'hui.

– Allez tout le monde, lança Armand, on bouge. Ce public n'a rien compris à notre musique.

Quelques heures plus tard, la petite bande prenait un verre sur la terrasse de l'un des nombreux cafés de la place Jean-Jaurès et discutait de l'orientation artistique de « Rebellious Minds », leur groupe de rock. Ils étaient quatre : Ben, Nathy, Yo et Armand, tous élèves en classe de seconde au Lycée Joffre de Montpellier. Ben, Benoît de son vrai nom, était le bassiste. Âgé de 16 ans, c'était un grand blond aux yeux bleus qui ne vivait que pour sa basse, un obsédé des règles et du détail. « Tout doit être fait avec ordre et méthode » était

4 **la puissance** *ici:* le niveau sonore – 7 **honnêtement** = vraiment – 7 **juger** *ici:* avoir un avis –
7 **ce n'est pas vraiment ça** *fam* ce n'est pas vraiment bien/bon – 15 **ressentir** éprouver, sentir –
21 **le Polygone** un grand centre commercial à Montpellier – 22 **une commande** *ici:* Bestellung –
23 **on bouge** *fam* on part, on s'en va – 27 **une orientation** *ici:* un genre, un style, une tendance –
31 **obsédé** *ici:* besessen

son credo. Son obsession pour la perfection lui avait valu le rôle de compositeur du groupe et également celui de manager, dès qu'ils se sentiraient prêts à se produire en public, mais on n'en était pas encore là…

le Polygone

5 Lionel, surnommé Yo, était un grand type qui mesurait près de 1,92 mètres et s'habillait toujours n'importe comment. Il aurait pu devenir un bel athlète si son corps s'était développé en largeur, mais ça n'avait jamais été le cas. Il était très maigre. On pouvait penser qu'il était fait tout en longueur et ses cheveux longs, lui arrivant
10 jusqu'au bas du dos, ne faisaient rien pour arranger cette impression. Il était le batteur de « Rebellious Minds » et il écrivait les textes de leurs chansons en collaboration avec Armand.

Armand, leader charismatique du groupe, était un très beau garçon de 16 ans, typiquement méditerranéen : brun, le teint foncé, et des
15 yeux marron presque noirs. Il était l'âme du groupe et c'est grâce à lui qu'ils avaient commencé à jouer ensemble. C'était le plus grand fan de rock que l'on puisse trouver. Ses idoles étaient les grands groupes de Hard Rock et de Punk des années 80 et 90, au grand

---

1 **valoir** *ici:* donner, rapporter – 2 **un compositeur** Komponist – 5 **surnommer** donner un nom à qn en plus de son vrai nom – 5 **mesurer** *ici:* avoir une taille de X mètres – 8 **maigre** ≠ gros –
10 **arranger** *ici:* verbessern – 11 **un batteur** *ici:* Schlagzeuger – 14 **le teint** la couleur du visage –
15 **une âme** *ici:* le membre le plus important du groupe (eine Seele)

désespoir de ses parents. Il avait été élevé dans une famille ayant des goûts musicaux très classiques et il avait dû, tous les mercredis après-midi, accepter de prendre des heures et des heures de cours de violon et de piano. À l'âge de 13 ans, il avait lancé un ultima-

5 tum à ses parents : « Pour moi, maintenant, c'est la guitare ou rien du tout ! ». Ses parents avaient cédé et Armand était rapidement devenu bon guitariste. Il avait donc tout naturellement occupé les postes de chanteur et de guitariste du groupe jusqu'à ce que Nathy arrive.

10 Nathalie, surnommée Nathy parce que « ça sonne quand même plus rock », avait répondu à l'annonce qu'elle avait trouvée sur le tableau d'affichage du lycée disant que « Rebellious Minds » cher-chait UN guitariste. Armand s'était en effet décidé à se consacrer entièrement au chant. Quand les autres avaient vu arriver cette pe-

15 tite brune avec sa guitare électrique chez Armand pour l'audition, ils avaient éclaté de rire.
   – Pfff, le rock, c'est pas une affaire de gamine, déclara Yo.
   – Tu es bien trop jeune, dit Ben. Tu as quoi ? 13 ans ?
   – 14, bientôt 15, répondit Nathy énervée.

20 – Pourquoi tu ne vas pas plutôt faire des trucs de filles au lieu de perdre ton temps à vouloir jouer de la guitare ? demanda Armand ironiquement. Je ne sais pas moi, du ballet ou mieux, tiens, mon-ter un poney ?

Sans un mot, Nathy brancha sa guitare sur son amplificateur, l'ac-

25 corda et joua « Under the bridge » des « Red hot chili peppers » à la perfection. Puis elle s'approcha des trois garçons qui n'avaient rien dit pendant ce temps et leur lança l'air cynique : « Parce que c'est pas mon truc, le poney, je préfère monter à cheval !!! ». Le groupe était au complet.

---

1 **le désespoir** ≠ l'espoir m – 1 **élever** *ici:* erziehen – 6 **céder** abandonner, capituler – 10 **ça sonne** *ici:* ça a l'air – 15 **une brune** ≠ une blonde – 15 **une audition** *ici:* un entretien d'embauche pour un artiste 17 **une gamine** *fam* une petite fille – 24 **un amplificateur** Verstärker – 24 **accorder** préparer un instrument pour qu'il joue juste

3 Protégé du soleil de juillet par les parasols du café, Armand essayait de se concentrer malgré la chaleur et le bruit dans lequel baignait la place. Celle-ci donnait directement sur la rue de la Loge, une rue piétonne très fréquentée qui restait très animée quasiment 24 heu-
5 res sur 24.

   – Il faudrait peut-être qu'on essaie de donner une nouvelle direction artistique au groupe, pensa Armand à haute voix.

   – Peut-être que ton père a raison, dit Nathy. Toi et Yo, vous devriez peut-être essayer de travailler un peu plus nos textes.

10   – Ah ? répondit distraitement Yo, alors qu'il était absorbé dans la contemplation des bulles de son coca.

   – Je ne peux pas retravailler les textes tant que le groupe n'a pas trouvé sa vraie philosophie, se plaignit Armand. Il faut savoir ce qu'on veut apporter à notre public.

15   – De quel public parles-tu ? reprit Ben. Nous n'avons pas de public. Et nous n'en aurons pas tant que nous ne saurons pas ce que nous allons faire. Alors, s'il te plaît, réfléchis bien, prends une décision et après on s'y tient. Il faut que nous soyons un peu plus organisés.

20   – Oh là là, Ben. Sois cool, dit Yo. C'est les vacances, profite un peu. Y a pas l'feu !

   – Justement, répondit Ben. On est en juillet. Cela fait 10 mois que le groupe existe et nous n'avons pas encore écrit un seul morceau valable. Je refuse de jouer seulement des reprises. Alors, il fau-
25 drait se bouger un peu !!!

   – Bon. J'en ai plein le dos, déclara Armand. Je vous laisse là, je vais faire un tour, l'inspiration viendra peut-être, dit-il en quittant la table.

   – Nous nous retrouvons tous chez moi ce soir pour en parler, lui
30 lança Nathy. 20 heures précises.

Armand s'engouffra dans une ruelle sans se donner la peine de répondre.

---

3 **une rue piétonne** une rue où on ne peut aller qu'à pied – 4 **fréquenté, fréquentée** où passent beaucoup de gens – 4 **animé, animée** ≠ tranquille, mort – 10 **distraitement** zerstreut – 11 **la contemplation** contempler, regarder – 17 **prendre une décision** se décider, choisir – 25 **se bouger** réagir – 26 **en avoir plein le dos** fam en avoir assez – 31 **s'engouffrer** disparaître – 31 **une ruelle** une petite rue

la plage du Grand Travers

2 La ville de Montpellier, située dans le Sud de la France n'est éloignée que de 10 kilomètres des côtes de la Méditerranée. Il est donc très facile pour ses habitants d'aller à la plage pendant l'été. Mais les plages sont occupées par les touristes en
5 juillet et en août. C'est pourquoi Nathy, Yo et Ben préféraient aller se baigner dans la piscine d'Armand. Les parents de celui-ci avaient en effet une grande villa avec piscine dans l'un des villages à côté de la ville. Dès que le thermomètre dépassait les 25 degrés, elle devenait le point de rendez-vous de toute la bande.
10 Cela expliquait que Ben était assez mécontent, en cet après-midi du 14 juillet, de devoir se retrouver à la plage du « Grand Travers » avec la bande pour pouvoir se baigner.
– Ah, il devient vraiment pénible, Armand, râla Ben, qui essayait de nettoyer son coin de plage des mégots de cigarettes qui s'y
15 trouvaient. Non content de ne plus venir aux répétitions depuis dix jours, il nous oblige à venir nous baigner dans ce dépotoir.

1 **situé, située** placé, qui se trouve – 2 **éloigné, éloignée** *ici:* indique la distance entre deux endroits – 8 **dépasser** *ici:* aller au-dessus – 10 **mécontent, mécontente** ≠ content – 14 **un mégot** le reste d'une cigarette qui a été fumée – 16 **un dépotoir** un endroit où l'on jette les poubelles

l'Hôtel de Région

– Euh, ce n'est pas grave, il n'y a pas mort d'homme. Profite un peu,
il fait beau, dit Yo qui en bronzant sans crème solaire se préparait
le coup de soleil le plus mémorable de sa vie.

– On peut quand même pas aller se baigner chez ses parents quand
il n'est pas là, ce serait un petit peu exagéré. Et puis ce n'est pas si
mal ici, on a l'occasion de regarder un peu ce qui arrive du reste
de l'Europe. Pas mal du tout ces Allemands d'ailleurs, rajouta-t-
elle pour elle-même.

– Mais il fait quoi, Armand depuis dix jours ? demanda Ben, de
plus en plus exaspéré. Où est-ce qu'il est depuis tout ce temps ?
Les rares fois où j'arrive à le joindre au téléphone, il me donne
toujours la même réponse : « Je ne peux pas venir, j'ai un truc à

---

1 **il n'y a pas mort d'homme** *fam* ce n'est pas grave – 3 **un coup de soleil** une brûlure de la peau
quand on est resté trop longtemps au soleil – 3 **mémorable** *ici:* dont on garde le souvenir –
5 **exagéré, exagérée** *ici:* demander beaucoup trop – 10 **exaspéré, exaspérée** très énervé

faire. » Ah, quelle horreur … un vieux tube de crème solaire dans le sable, il y a vraiment des gens dégoûtants.

– Il n'a rien dit de plus précis, demanda Nathy ? Juste qu'il avait un truc à faire ?

5   – Non, rien d'autre.

– Ah ? Et sinon, il vient ce soir pour le feu d'artifice, demanda Yo ?

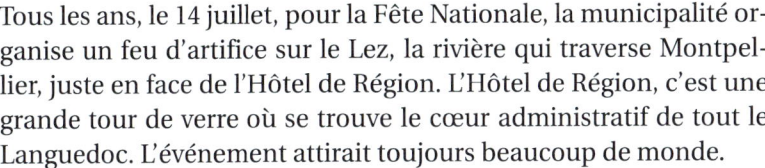

Tous les ans, le 14 juillet, pour la Fête Nationale, la municipalité organise un feu d'artifice sur le Lez, la rivière qui traverse Montpellier, juste en face de l'Hôtel de Région. L'Hôtel de Région, c'est une
10 grande tour de verre où se trouve le cœur administratif de tout le Languedoc. L'événement attirait toujours beaucoup de monde.

– Non, répondit Ben, Armand ne vient pas. Et est-ce que tu sais ce qu'il m'a donné comme raison quand je lui ai téléphoné ?

– Laisse-moi deviner, dit Nathy : « J'ai un truc à faire. »

15 – C'est ça, tu as bien suivi la conversation. Mais qu'est-ce qu'il peut bien faire ??? hurla-t-il.

– Bon, je vais me baigner, dit Nathy en se levant. Quelqu'un vient avec moi ?

– Pfff, non ! Je n'en ai pas envie, je bronze, répondit Yo.

20 – Dans ce bouillon ? demanda Ben. Certainement pas ! Je n'ai pas envie d'attraper une cochonnerie.

– Ben, dit Nathy, l'air soudain très fatiguée, il y a des jours où tu es vraiment pénible.

Et elle courut se jeter à l'eau.

---

2 **dégoûtant, dégoûtante** sale – 3 **précis** *ici:* avec beaucoup de détails – 7 **une municipalité** une mairie – 11 **un événement** *ici:* une manifestation, une fête – 11 **attirer** faire venir – 20 **un bouillon** *ici fam:* une eau très sale – 21 **une cochonnerie** *fam* quelque chose de sale – 23 **pénible** très embêtant

13

le quartier Antigone

Comme chaque année, le soir du 14 Juillet, Antigone, un quartier de Montpellier construit à la fin des années 70 dans le style « néo-antique », et plus particulièrement la place devant l'Hôtel de Région étaient noirs de monde. Ben, Yo et Nathy avaient eu la bonne idée
5 de venir très en avance et avaient pu trouver un bon point de vue sur le Lez où allait avoir lieu le feu d'artifice. Il commença pile à l'heure et les trois amis furent, comme chaque année, éblouis par le spectacle. Du moins jusqu'au moment où Yo montra du doigt quelque chose à Ben et Nathy.
10 – Oh, ce n'est pas Armand, là-bas ?
– Où ça ? répondirent-ils en chœur.
– Ben, là-bas sur la place, avec cette fille.
– Mais oui, t'as raison, dit Nathy, c'est bien lui.
Armand était bien là. Il était accompagné d'une jeune femme rous-
15 se qui avait l'air bien plus âgée que lui. Elle devait avoir environ vingt ans. Les deux discutaient de quelque chose qu'ils avaient l'air de trouver très drôle. Armand s'agitait dans tous les sens et la jeune femme n'arrêtait pas de rire. Nathy la trouvait très jolie, mais bizarrement elle la mettait mal à l'aise. Cette femme avait quelque chose
20 de dur, de cassant qui rendait Nathy méfiante.

5 **un point de vue** *ici:* l'endroit d'où l'on regarde – 7 **ébloui, éblouie** *ici:* beeindruckt – 17 **s'agiter** bouger dans tous les sens – 19 **mettre mal à l'aise** rendre nerveux, gêner – 20 **méfiant, méfiante** misstrauisch

14

Elle demanda aux autres :
– C'est qui celle-là ?
– Beuh, je ne sais pas, répondit Yo.
– Pas la moindre idée, dit Ben. Mais ils ont l'air de bien s'entendre.
5   Une amie de ses parents peut-être ? On n'a qu'à aller lui demander.
Alors que les trois amis commençaient à s'approcher d'Armand, ils s'arrêtèrent soudain, complètement ahuris par ce qu'ils voyaient.
– Mais qu'est-ce qu'ils font ? demanda Ben.
10 – Ah, ben, je crois que c'est facile à deviner, hein ?
– Ils sont en train de s'embrasser !!! s'exclama Nathy qui n'en croyait pas ses yeux. Il embrasse cette vieille !!!

En effet, Armand et la jeune femme s'embrassaient au milieu de la place, comme s'ils avaient été seuls. Ben, Yo et Nathy les obser-
15 vaient de loin, sans bouger, ne sachant pas quoi faire. Ce fut finalement Armand qui les aperçut et s'approcha d'eux, seul. La jeune femme était restée en arrière et les regardait l'air triomphant.
– Ah, salut, dit Armand, l'air gêné. Qu'est-ce que vous faites là ?
– Comme tu vois, dit Ben. On est venus voir le feu d'artifice.
20 Les quatre amis se regardèrent un long moment sans rien dire. Le silence devenait de plus en plus lourd. Finalement, Yo se décida à dire quelque chose.
– Euh, il faut qu'on rentre. Répétition chez toi, demain à 14 heures ?
25 – Oui, oui, répondit Armand, c'est d'accord.
– Tu ne nous la présentes pas ? demanda Ben.
– Ce serait un petit peu compliqué, là maintenant, tout de suite. Je vous expliquerai demain, promis.
– Alors OK ! répondit Ben.
30 – Super, à demain, dit Armand qui partit retrouver la fille en courant.
Alors que le groupe le regardait courir, Nathy dit soudain :
– Eh bien, maintenant, on sait ce qu'il a fait ces 10 derniers jours.

---

8 **ahuri** *ici:* très étonné – 17 **triomphant** ≠ battu – 18 **gêné, gênée** *ici:* verlegen

la place de la Comédie

3 Le lendemain après-midi, le groupe au grand complet s'était rassemblé dans le garage d'Armand. Pourtant on n'entendait pas jouer la moindre note. Nathy, Yo et Ben, assis sur des chaises de jardin en face d'Armand, lui faisaient subir un véritable interrogatoire. Tous voulaient en savoir plus sur cette mystérieuse fille qu'ils avaient vue avec leur ami au feu d'artifice et les questions se suivaient sans qu'Armand ait le temps d'y répondre.

– Une chose après l'autre vous tous, dit Ben. Alors ? C'est qui cette fille ? demanda-t-il en se tournant vers Armand.

– Elle s'appelle Jane. Elle vient de Lyon et elle fait des études de psychologie à l'université Paul Valéry, répondit Armand.

– Une étudiante ? Comment est-ce que tu l'as rencontrée ?

– Vous vous rappelez le jour où nous sommes allés prendre un café sur la place Jean Jaurès ? On se demandait quel style musical il

---

2 se rassembler *ici:* se retrouver tous ensemble dans un endroit – **5 faire subir un interrogatoire** obliger à répondre à une série de questions – **6 mystérieux, mystérieuse** secret, caché, sur lequel on ne sait rien

fallait trouver pour le groupe. Alors quand je vous ai quittés, je suis descendu à la place de la Comédie et je suis allé chez un petit disquaire pour trouver l'inspiration.

5 La place de la Comédie est aujourd'hui le cœur de la ville de Montpellier. Elle est bordée de bâtiments du XIXe siècle, dont l'Opéra Comédie, copie de l'opéra Garnier de Paris. Ancien rond-point à la périphérie de la vieille ville, elle a été transformée en zone piétonne dans les années quatre-vingts et est devenue un endroit très appré-
10 cié tant par les touristes que par les Montpelliérains. On y trouve toutes sortes de boutiques, des cafés et des restaurants. Le jour de LA rencontre, Armand avait traversé la place et s'était engagé dans l'une des ruelles qui partaient de la place. Puis il s'était rendu chez son disquaire préféré.
15 C'était un tout petit magasin qui existait depuis des dizaines d'années et avait connu tous les courants musicaux possibles. Les deux pièces du magasin étaient remplies à ras bord de CD et disques vinyles, de T-shirts de divers groupes, de produits se rapportant d'une façon ou d'une autre à la musique rock. Quand Armand avait be-
20 soin d'un CD, d'une place de concert ou, comme ce jour-là, d'inspiration, c'est là qu'il allait. Il avait tout de suite remarqué cette fille en entrant. C'était une très jolie rousse, bien plus âgée que lui, qui était en train de fouiller dans les bacs de CD. Ce qui avait attiré son regard, ce n'était pas seulement sa beauté, mais surtout l'impres-
25 sion qu'elle donnait de ne pas être victime de la mode. Avec son vieux débardeur militaire et son jean usé jusqu'à la corde, il était dur de croire qu'elle passait son temps dans les magasins de vêtements. Armand était charmé, mais n'osa pas l'approcher. *Oublie ça Armand, pensa-t-il. Cette fille est superbe, plus vieille que toi, elle a*
30 *sûrement déjà un copain et si un gamin dans ton genre vient l'abor-*
der, elle va te rire au nez. Ah ! Il y a des jours où la vie est vraiment

---

3 **un disquaire** un marchand de disques et de CD – 3 **l'inspiration** *f ici:* des idées qui permettent de créer – 6 **bordé, bordée** gesäumt – 7 **un rond-point** Kreisverkehr – 16 **un courant musical** un style de musique – 18 **se rapporter** zusammenhängen – 22 **roux, rousse** une couleur de cheveux naturelle entre le rouge et le jaune – 23 **fouiller** chercher qc en déplaçant tout ce qui se trouve là – 23 **attirer le regard** regarder qc continuellement et sans pouvoir s'arrêter – 25 **une victime de la mode** qn qui s'habille toujours à la dernière mode – 26 **un débardeur** *ici:* un T-shirt décolleté et sans manches – 28 **charmé, charmée** entzückt – 28 **oser** essayer de faire quelque chose malgré sa peur des conséquences (sich trauen) – 28 **approcher** venir à proximité

injuste. Mais bon, c'est comme ça. Aussi, quand elle s'approcha de lui et commença à lui parler, il resta un moment sans savoir quoi faire.

– Excuse-moi, est-ce que tu t'y connais en musique ? lui demanda-
5 t-elle avec un grand sourire.

– Pardon ?

– Est-ce que tu t'y connais en musique ? répéta-t-elle. On m'a demandé d'acheter un CD avec le titre *All along the watchtower*, mais j'ai trouvé trois versions différentes. Et comme je suis vrai-
10 ment nulle en musique, j'ai peur de prendre n'importe quoi.

– L'original a été fait par Bob Dylan en 67, mais la meilleure version est celle de Jimmy Hendrix. Elle date de 68. C'est celle-là que tu devrais prendre.

– Super, t'es un ange ! dit-elle en se dirigeant vers la caisse.

15 Déjà étonné qu'elle lui ait adressé la parole, Armand fut stupéfait quand il la vit revenir vers lui.

– Ça y est, je l'ai acheté, dit-elle. Tu m'as libéré d'un gros problème. Je t'offre un verre pour te remercier ?

– Euh, ouais. Pourquoi pas ?
20 – Je m'appelle Jane, dit-elle. Et toi c'est ???

– Armand.

– Enchantée, Armand.

– Moi de même.

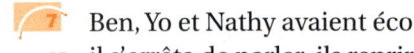

Ben, Yo et Nathy avaient écouté Armand sans rien dire, mais quand
25 il s'arrêta de parler, ils reprirent leurs questions.

– Et après ? demanda Ben. Qu'est-ce qui s'est passé ?

– Rien, répondit Armand, pourquoi ?

– Bah, parce qu'on t'a pas vu pendant plus de dix jours, dit Yo.

– T'étais avec elle pendant tout ce temps ? demanda Nathy. Qu'est-
30 ce que vous avez fait ?

– Elle vient d'arriver en ville pour s'inscrire à la fac. Alors comme elle ne connaît pas Montpellier, je lui ai fait visiter la vieille ville :

le quartier de l'Écusson ; le musée Fabre ; le palais des rois d'Aragon ; la cathédrale Saint-Pierre ; la totale, quoi !
– Vous êtes ensemble ? demanda Nathy. Après ce qui s'est passé hier soir, je crois que tout le monde aimerait bien savoir.
5 – Oui.
Armand était très fier. Ils avaient deviné, les copains…
– Elle n'est pas un peu trop vieille pour toi ? continua Nathy.
– Non, elle n'est pas trop vieille pour moi !!! répondit sèchement Armand. Elle m'a dit que j'étais très mûr pour mon âge, ce qui est
10 vrai.

la cathédrale Saint-Pierre

9 **mûr, mûre** reif

– Ah ! Qu'est-ce qu'il ne faut pas entendre, dit Yo aux autres.
– Ne commencez pas à m'embêter avec ça ! leur cria Armand. Vous
seriez capables de tout ficher en l'air. Je vous avertis, vous avez
intérêt à vous tenir tranquilles quand elle viendra pour la répétition.
– Parce que tu la fais venir à la répétition ? demanda Ben choqué.
– Oui. Et à propos, dit-il plus doucement, si elle vous le demande,
j'ai 19 ans, pas 16. Et l'été dernier, j'ai fait une tournée avec un
groupe en Angleterre.
Les trois amis regardèrent Armand un long moment en silence,
puis ils éclatèrent de rire.
– Tu as raison, dit Ben qui avait du mal à retrouver son sérieux. Tu
es vraiment quelqu'un de très mature.
– Tu penses vraiment que c'est une bonne idée de lui avoir raconté
ça ? demanda Nathy.
– Elle ne se serait jamais intéressée à moi si je lui avais dit que je
n'ai que 16 ans et que je suis encore au lycée !
– Tu ne peux pas bâtir une bonne relation sur un mensonge, remarqua Nathy.
– Je suppose que tu as appris ça grâce à ta grande expérience avec
les garçons, toi qui n'es qu'une gamine de 15 ans.
Nathy ne répondit rien et alla s'asseoir au fond du garage.
– Je l'entends qui arrive, dit Armand. Alors maintenant, vous la fer-
mez et je vous avertis que si l'un d'entre vous essaie de me faire
passer pour un idiot, je le lui ferai payer !

3 **ficher en l'air** *fam* faire rater – 13 **mature** = mûr – 18 **une relation** Beziehung – 18 **un mensonge** →
mentir – 24 **avertir** warnen

4

Dès que Jane gara sa vieille Clio devant la maison, Armand courut l'embrasser et l'accompagna à l'intérieur du garage.

– Alors, c'est ici que tu joues ? demanda Jane. Tu m'as l'air bien installé. Et je suppose que dans le fond du garage, c'est ton groupe ?

– En effet, répondit Armand. Laisse-moi te présenter les membres de « Rebellious Minds », le groupe que *j'ai* créé.

Tout le monde avait remarqué combien Armand avait insisté sur le « je ».

– Tu vois, continua Armand, le grand aux cheveux longs, c'est Yo, mon batteur. Et juste à côté de lui, tu as Ben qui est bassiste dans mon groupe.

– Bonjour, dirent Ben et Yo en chœur.

– Et au fond du garage, dit Armand, c'est Nathy, ma guitariste, qui d'habitude est de bonne humeur, mais a décidé de faire la tête aujourd'hui.

– Salut, marmonna Nathy.

– Bon. Jane, tu n'as qu'à t'asseoir ici, dit Armand en désignant un vieux fauteuil dans un coin du garage. Tu vas nous servir de critique. Si quelque chose ne te plaît pas pendant la répétition, tu n'hésites pas à le dire, hein.

– Tu peux compter sur moi, répondit Jane en s'asseyant confortablement.

– O.K, vous autres. On y va !

La répétition fut une catastrophe. Nathy avait du mal à se concentrer à cause de ce qu'Armand lui avait dit et elle fit plusieurs erreurs. Chacune d'elles provoquait un petit rire ou un commentaire discret mais méchant de la part de Jane, qui devenait au fur et à mesure de la répétition de plus en plus ironique. Chaque intervention de Jane mettait Armand mal à l'aise, le déconcentrait et lui laissait penser qu'il était en train de se couvrir de ridicule. Il accumulait les erreurs et commençait à chanter faux. Ben, que l'attitude d'Armand avait déjà énervé, avait de plus en plus de mal à supporter celle de Jane

---

1 **garer** ranger sa voiture avant d'en sortir – 8 **insister** *ici:* betonen – 17 **marmonner** parler doucement et de façon peu claire – 19 **un fauteuil** Sessel – 25 **se concentrer** réfléchir beaucoup sur quelque
chose en particulier – 31 **ridicule** bête, idiot, dont on peut se moquer – 31 **accumuler les erreurs**
faire beaucoup de fautes

et avait beaucoup de difficultés à rester concentré sur sa partition. Seul Yo continuait à jouer parfaitement, comme il le faisait toujours. Quand il était à la batterie, tout autour de lui cessait d'exister. Mais son talent ne suffisait pas à sauver le morceau, qui s'acheva dans la
5 cacophonie.

Tous les membres du groupe étaient fatigués et de mauvaise humeur, mais d'eux tous, Armand était le plus à bout. Malgré ses avertissements et ses mises en garde, le groupe l'avait fait passer pour un idiot. Bien qu'il ait expliqué gentiment à ses copains à quel
10 point Jane comptait pour lui et l'importance de cette répétition devant elle, ils avaient tout saboté. Nathy, surtout elle, en était la principale responsable. Elle avait fait exprès de saccager le morceau, juste parce qu'Armand lui avait fait remarquer qu'elle était encore un peu trop jeune pour porter un jugement sur sa relation
15 avec Jane.

– Bon. Je crois que j'en ai assez entendu, dit Jane qui n'essayait même plus de se retenir de rire. Je te remercie beaucoup pour l'invitation Armand, mais tu ne voulais pas me faire écouter du rock aujourd'hui ? Ça ressemblait plutôt à une bourrée auver-
20 gnate.

9 Nouvelle crise de fou rire de la part de Jane. Nathy était sur le point de pleurer et Ben essayait de la consoler comme il le pouvait.

– Ah, désolé, je ne sais pas ce qu'ils ont aujourd'hui, dit Armand en montrant le groupe du doigt. D'habitude, ils jouent super bien.
25 – Ce n'est pas grave, tu ne peux pas trop leur en demander, ils sont encore trop jeunes. De toute façon je dois y aller, j'ai encore beaucoup à faire aujourd'hui. On se retrouve tous les deux à la soirée, comme prévu ?

– Oui, bien sûr.
30 – Salut. Et courage pour le reste de la répétition, dit Jane en se dirigeant vers sa voiture. Tu vas en avoir besoin.

Armand regarda Jane partir, puis se retourna pour faire face au

---

5 **une cacophonie** une accumulation de bruits désagréables – 6 **être de mauvaise humeur** ne pas être content – 7 **être à bout** être très fatigué et énervé – 8 **un avertissement** → avertir – 8 **une mise en garde** un avertissement – 12 **saccager** *ici:* jouer très mal – 19 **une bourrée auvergnate** une danse paysanne de l'Auvergne, une région française

groupe. Il allait commencer à parler, mais Nathy ne lui en laissa pas le temps.

    – Tu n'es qu'un gros con !!! lui cria-t-elle en pleurant. Et ta copine ne vaut pas mieux.

5   – Pfff, ouais, ce n'était pas très cool, rajouta Yo.

    – Nathy a raison, dit Ben l'air mauvais. Tu es complètement transformé quand ta copine est là et je peux te dire que ce n'est pas en bien.

    – Hein ??? s'exclama Armand. Vous n'êtes pas fichus de jouer un

10   morceau correctement et ça devrait être de ma faute ?

    – Ça n'a rien à voir avec la répétition, dit Ben. Le problème aujourd'hui c'est ton attitude. Qu'est-ce que c'était que cette façon de te comporter avec nous quand cette fille était là ? Tu passais ton temps à frimer et à nous traiter comme des demeurés ou

15   des moins que rien.

Ben se mit alors à imiter la voix d'Armand.

    – Salut, Jane. Je te présente MON groupe, qui est composé de MES musiciens, qui jouent MA musique. Ils sont complètement idiots, mais c'est normal, ce sont des GAMINS, pas comme moi qui suis

20   déjà un HOMME !

Puis reprenant sa voix normale, il continua.

    – Nous sommes peut-être des gamins, Armand, mais je te rappelle que tu n'es pas plus vieux que nous. Et si tu viens encore me sortir cette idiotie comme quoi tu es le plus mature, je peux t'assu-

25   rer que ton comportement aujourd'hui était tout sauf ça. Surtout quand on voit la façon dont tu as traité Nathy. Alors, continue comme ça et je te promets que les « gamins » vont te laisser te débrouiller tout seul et qu'il te faudra de nouveau faire une soidisant tournée en Angleterre pour te trouver un nouveau groupe,

30   parce que ta réputation à Montpellier va devenir épouvantable. Et pour finir, laisse-moi encore te dire que…

    – QUOI ???

    – Toi aussi, tu as été minable pendant cette répétition !!!

9 **être fichu** *fam ici:* être capable – 12 **une attitude** une façon d'être – 13 **se comporter** sich benehmen – 14 **frimer** angeben – 14 **un demeuré** un idiot – 22 **rappeler** demander de se souvenir – 23 **une idiotie** une action idiote – 30 **une réputation** Ruf – 30 **épouvantable** grauenvoll – 33 **minable** très mauvais

10 Armand sortit furieux du garage et alla au bord de la piscine. Nathy le suivit.

– Il ne faut pas que tu prennes mal ce que je vais te dire, commença-t-elle. Mais tu dois quand même bien admettre que tu n'as
5 pas été sympa avec nous quand elle était là.

– Je voulais lui montrer à quel point on est bons et je me retrouve avec ce fiasco.

– Et tu t'attendais à quoi ? Tu t'es mis sous pression tout seul. Notre groupe de rock est composé de lycéens et tu vas lui dire qu'on a
10 un super niveau, que tu es allé faire une tournée en Angleterre et je ne sais quoi d'autre ! Et après, tu choisis de nous crier dessus et de rejeter la faute sur nous quand nous n'arrivons pas à jouer comme tu le lui as raconté. C'est complètement injuste. Tu ne peux pas nous en vouloir pour les mensonges que tu lui as
15 racontés.

Armand commençait à se calmer et à voir que Nathy n'avait pas tout à fait tort. Il était peut-être allé un peu trop loin.

– Ouais, bon. J'ai peut-être un peu exagéré, admit-il. Mais il faut bien reconnaître que la répétition était vraiment en dessous de
20 ce qu'on fait d'habitude.

– Mais c'est pour ça qu'on fait des répétitions … pour s'améliorer. Le groupe ne peut pas jouer parfaitement du premier coup. Surtout si le chanteur a décidé tout seul de ce qu'il fallait faire sans consulter les autres.

25 Armand garda le silence un bon moment, puis il dit :

– Bon. Retour à la répétition, on a du travail.

Armand et Nathy retournèrent au garage. Armand alla se placer devant Ben qui le regardait sans rien dire.

– Est-ce que je peux dire quelque chose ? demanda Armand, sou-
30 dain très calme.

– Vas-y.

– Je suis désolé. Je n'aurais pas dû me comporter comme ça aujourd'hui, surtout avec toi, Nathy. Je me suis conduit comme un imbécile.

---

1 **furieux** très en colère – 12 **rejeter** *ici:* mettre – 13 **injuste** ≠ juste – 24 **consulter** *ici:* demander l'avis

–	Je ne t'en veux pas, dit Nathy. Je sais bien que tu ne voulais pas être méchant. C'est bien vrai, tu n'es plus le même quand tu es avec cette fille.

–	J'ai toujours peur de passer pour un idiot devant elle. Je sais bien
5	que je suis plus jeune qu'elle et je veux juste qu'elle ne me considère pas comme un gamin quand on est ensemble, c'est tout.

–	Bah, c'est bon, dit Yo. Si elle tient à toi, tu n'as pas besoin de te comporter autrement quand tu es avec elle. Elle devrait t'accepter comme tu es, c'est tout.

10	–	Enfin, à l'avenir, évite quand même de la faire venir aux répétitions, ajouta Ben. Surtout quand on n'a pas travaillé depuis deux semaines. Elle n'a pas vraiment contribué à améliorer l'ambiance.

–	Elle n'est pas méchante, dit Armand. Elle dit juste ce qu'elle
15	pense, sans se rendre compte qu'elle peut parfois être blessante. Écoutez, elle fait une soirée sur la plage avec des copains et je l'accompagne. Pourquoi est-ce que vous ne nous retrouvez pas ce soir ? Comme ça, vous verrez par vous-mêmes qu'elle est sympa.

20	–	Bon, pourquoi pas ? répondit Ben. Ça ne pourra pas être pire que pendant la répétition.

le quartier Antigone

7 **tenir à qn** ne pas vouloir perdre qn – 16 **une soirée** *ici:* une fête

5

Armand avait donné rendez-vous à tout le monde à la plage de l'Espiguette. Celle-ci était très éloignée de la ville et il fallait rouler près d'une demi-heure en voiture pour y arriver. Puis il fallait encore trouver son chemin dans une multi-
5 tude de petits villages et ne pas se perdre dans les marécages au bord de la route. La plage était dure à trouver, mais au moins, elle était tranquille. Ben, Yo et Nathy n'avaient bien sûr pas de voiture. Ils avaient donc décidé d'y aller en scooter, ce qui leur avait pris plus d'une heure. Après s'être garés, ils durent encore marcher sur
10 la plage pendant 20 minutes avant de trouver Armand qui n'était pas à l'endroit qu'il leur avait indiqué. Même si la plage était dure à atteindre et que les feux de camp y étaient interdits, de nombreux étudiants venaient y faire la fête pendant l'été. Retrouver quelqu'un à cet endroit était particulièrement difficile. Alors qu'ils se prépa-
15 raient à rebrousser chemin, ils finirent par apercevoir Armand au milieu d'une quinzaine de personnes rassemblées autour d'un feu de camp. Tous avaient l'air d'être de l'âge de Jane et à voir l'état de l'emplacement où ils se trouvaient, ils avaient dû commencer à faire la fête depuis un bon moment. L'endroit était jonché de déchets en
20 tous genres : emballages graisseux, bouteilles d'alcool fort (vides, bien entendu), canettes de bière écrasées et bien d'autres choses encore que les trois amis ne pouvaient pas, ou plutôt préféraient ne pas reconnaître. Un petit groupe était rassemblé autour du feu, en train de faire un barbecue. Un autre dansait au son de la musique
25 que jouait un lecteur MP3 relié à des enceintes portables. Armand et quelques autres jouaient au foot. Lorsqu'il aperçut ses amis un peu à l'écart, Armand les appela et se mit à courir vers eux, non sans tomber plusieurs fois dans le sable avant de les rejoindre. Quand il fut arrivé près d'eux, Ben, Yo et Nathy se rendirent compte qu'il était
30 complètement ivre.

– Salut, mes potes !!! cria-t-il. Vous avez fini par trouver. C'est génial que vous soyez là. Amenez-vous, il y une ambiance du tonnerre ici, dit-il en titubant.

---

4 **une multitude** un très grand nombre – 5 **un marécage** Sumpf – 19 **jonché, jonchée** couvert –
20 **graisseux, graisseuse** plein d'huile, sale – 21 **une canette** c'est en métal, on y trouve une bois-
son – 25 **une enceinte** *ici:* Lautsprecherbox – 30 **être ivre** betrunken sein

– Mais, tu es complètement bourré, ma parole, dit Nathy.
– Ah, c'est bon, répondit Armand, on a joué à un jeu génial et le perdant devait boire un verre de vodka. Et devine quoi ? J'ai perdu !!! Plusieurs fois !!!

5   Armand avait l'air de trouver la situation très drôle. Ses amis ne savaient vraiment pas comment réagir.
– Vous n'avez pas eu trop de mal à trouver ? leur demanda-t-il.
– À vrai dire, on vous a cherchés pendant une bonne demi-heure, répondit Ben, mais il n'y avait personne à l'endroit que tu nous
10   avais indiqué.
– C'est normal. On a eu un problème avec les flics. Ils nous ont dit que les fêtes étaient interdites sur la plage, alors on leur a dit d'aller faire semblant de travailler ailleurs. Après, il a fallu qu'on parte très vite chercher un autre endroit ou bien ils auraient fini
15   par nous arrêter. C'était cool !!!
– Ah ouais, c'est sûr, répondit Yo pas vraiment convaincu.
– Allez, amenez-vous, il doit encore rester à boire.
Les trois amis n'étaient plus très enthousiastes à l'idée de faire la fête avec Armand et sa clique, mais ils ne voulaient pas laisser leur
20   ami tout seul, surtout dans un tel état. Ils se dirigèrent donc vers le feu de camp autour duquel Jane et trois autres personnes étaient en train de discuter.
– Je suis de retour chérie !!! cria Armand.
– Oh ! Et tu nous as amené tes petits camarades de classe en plus,
25   répondit Jane. Alors, vous autres, la répétition s'est bien terminée ?
– Pas trop mal, répondit Ben.
– C'est qui ceux-là ? demanda un grand type à côté de Jane.
– Laisse tomber, Vince, c'est bon. Je t'expliquerai, dit Jane.
30 – Vince, dit Armand, laisse-moi te présenter Ben, Yo et Nathy, les membres de mon groupe « Rebellious Minds ». Ben, Yo, Nathy, je vous présente Vince, le frère de Jane.

---

1 **bourré, bourrée** *fam* ivre – 11 **un flic** *fam* un policier – 15 **cool** *fam* super – 18 **enthousiaste** begeistert

12 Vince était un homme d'une vingtaine d'années. Il avait le teint très foncé, une épaisse chevelure noire et bouclée et souriait en permanence. Comme il ne portait qu'un maillot de bain, le groupe remarqua facilement qu'il était très musclé. Il aurait été sympathique s'il
5 n'avait pas porté de nombreux tatouages de mauvaise qualité qu'il avait l'air de s'être fait lui-même. *Un bel homme*, pensa Ben. *Si on apprécie le côté mauvais garçon.*
   – Salut Vince, dirent-ils tous les trois.
   Vince ne répondit rien et se contenta de les dévisager.
10 – Laissez vos affaires ici et servez-vous à boire, dit Jane.
   Ben, Yo et Nathy firent comme on leur avait dit et allèrent chercher quelque chose à boire. Armand s'allongea sur le sable un peu plus loin et s'endormit.
   Un couple se tenait près des réserves d'alcool. Quand ils virent arri-
15 ver les amis d'Armand, ils les appelèrent :
   – Hé, vous autres ! Vous voulez boire quoi ? demanda l'homme
   – Euh, un coca, ce serait cool, répondit Yo.
   – Un coca avec quoi ? Rhum, whisky ?
   – Bah, un coca pur. Je suis venu en scooter, je dois conduire après.
20 Le couple regarda Yo un long moment, puis éclata de rire.
   – Oh, ils sont drôles ces trois-là ! déclara l'homme.
   – Ne te moque pas, dit la femme. Ce sont des jeunes gens sérieux.
   À ce propos, leur demanda-t-elle, il est plus de 22 heures. Vous ne devriez pas déjà être au lit ?

25 Le couple se mit à rire encore plus fort. Ben, Yo et Nathy préférèrent s'éloigner et allèrent s'asseoir près du feu. Peu de temps après, Vince s'approcha d'eux, un paquet de cigarettes à la main.
   – Hé, les jeunes ! Désolé pour tout à l'heure, je n'ai pas été très sympa. Je pensais que vous n'aviez rien à faire ici, mais ma sœur Jane
30 m'a expliqué que vous étiez des potes d'Armand. Alors pour moi, vous êtes cool. Pour me faire pardonner, je vous offre un petit quelque chose, dit-il en leur tendant son paquet de cigarettes.
   – Merci, mais on ne fume pas, répondit Nathy mal à l'aise.
   – Oh là là, mais pour qui vous me prenez ? Je ne suis pas un mons-

---

5 **un tatouage** Tätowierung – 9 **dévisager** regarder qn avec beaucoup d'attention

tre, je connais les dangers de la clope. Alors rassurez-vous, les miennes sont améliorées, il n'y a pas de tabac dedans, dit-il avec un grand sourire.

Avant que Nathy ait le temps de répondre, quelqu'un dans les du-
5 nes appela Vince.

– Hé, Vince !!! On va manquer de bois pour le feu.

– Qu'est-ce que tu veux que ça me fasse ? Tu n'as qu'à arracher les barrières dans les dunes.

– J'essaie, mais tout seul je n'y arrive pas. Viens me filer un coup de
10 main !

– Je discute avec des clients potentiels, là ! Alors, tu te débrouilles. Et tu fais gaffe aux flics. Je n'ai pas envie de me faire arrêter pour vandalisme encore une fois.

– Excuse-nous, on doit vraiment y aller, dit Ben en entraînant Na-
15 thy et Yo avec lui.

– Ne partez pas, leur dit Vince. On commence à peine à faire connaissance.

Ils ne lui répondirent pas et se dirigèrent droit vers Armand. Celui-ci était assis dans le sable, dans les bras de Jane.
20 – Armand, il faut qu'on parte. Viens avec nous, dit Ben.

– Pourquoi ? Je suis bien ici, répondit Armand sans les regarder.

Il ne pouvait pas s'arrêter d'admirer Jane qui lui faisait le plus beau des sourires.

– Viens avec nous, répéta Ben. On a rien à faire ici. Ces gens ne
25 vont nous attirer que des problèmes.

– Ne les écoute pas mon chéri, dit Jane. Ils sont jaloux de toi, parce que, depuis que tu es mon petit ami, tu es enfin cool. Ce ne sont que des gamins. Si tu les suis, ils ne te laisseront jamais me revoir. Et pense à moi, qu'est-ce que je deviendrais sans toi ?
30 – Elle a raison, dit Armand en se levant. Vous êtes jaloux. Alors maintenant, vous vous tirez et vous me laissez avec mes amis. Je vais aller me chercher à boire, dit-il en s'éloignant.

– Armand, je t'en prie ! cria Nathy. Viens avec nous, cette fille n'est pas pour toi !
35 Armand ne prit même pas la peine de lui répondre.

---

1 **une clope** *fam* une cigarette – 7 **arracher** herausziehen – 12 **faire gaffe** *fam* faire attention

Jane s'approcha du groupe et leur jeta leurs blousons. Puis s'approchant de Nathy, elle lui murmura à l'oreille :
– Rentre à la maison, petite fille… J'ai tellement plus que toi à lui offrir…

5 Après le départ des trois copains, Vince s'approcha de Jane qui se tenait toujours près du feu.
– Ces gamins risquent de poser un problème, lui dit-il.
– Pourquoi ça ? demanda Jane.
– S'ils continuent à tourner autour de ta nouvelle recrue, ils seront
10 capables de le faire réfléchir. Et la dernière chose dont j'aie besoin, c'est qu'il commence à avoir des scrupules en plein milieu d'une vente.
– Ne t'inquiète pas, répondit-elle. Je crois avoir la solution.
Elle avait le portefeuille de Ben à la main.

l'arrière-pays montpelliérain

9 **une recrue** qn qui vient de s'engager ou d'être engagé

6 Deux jours après la fête sur la plage, Yo, Ben et Nathy n'avaient toujours pas de nouvelles d'Armand. Ben, dans sa chambre, réfléchissait à ce qu'ils pourraient bien faire pour aider leur ami quand il reçut un coup de téléphone de Nathy.

5 – Tu as des nouvelles d'Armand ? demanda-t-il.
– Non. Il n'était pas chez lui. Je n'ai même pas pu parler à son père. Ses parents sont partis en vacances et ils lui ont confié la maison.
– Ce n'est pas possible ! Nous n'avons vraiment pas de chance. Et
10 Yo, est-ce qu'il en sait un peu plus ?
– De son côté, c'est chou blanc aussi. En plus, il n'a pas vraiment pu le chercher, il est bloqué pour les trois prochains jours. C'est l'anniversaire de sa grand-mère, d'après ce que j'ai cru comprendre. Je me fais du souci, Ben. Qu'est-ce qu'on va faire ?
15 – Bon, pas de panique, faisons preuve de méthode. Allons voir dans tous les endroits où il a l'habitude d'aller. Il a rencontré Jane chez le disquaire, je vais passer là-bas, quelqu'un l'aura peut-être vu.
– Et s'il n'y est pas ?
– Alors, on ira voir la police, dit Ben.
20 – La police ? Tu es sûr que c'est une bonne idée ?
– Ce n'est pas une bonne idée, Nathy. C'est la seule qui me reste.
Quelqu'un sonna chez Ben. Il regarda par la fenêtre de son immeuble pour voir qui venait le voir.
– Je dois te laisser, Nathy. Et ne panique pas, je crois que les choses
25 s'arrangent.
Deux étages plus bas, Armand se tenait devant la porte. Ben alla lui ouvrir et quand il le vit, il fut choqué. Armand était à bout de souffle. Les cheveux en bataille, il était en larmes et regardait Ben, serrant les dents. Il était comme fou.
30 – Armand !!! Bon sang, où étais-tu passé ? Nous nous sommes tous fait beaucoup de soucis à ton sujet. Nous t'avons cherché partout.
Armand murmura quelque chose d'inaudible.

---

7 **confier** *ici:* donner à garder – 11 **chou blanc** *fam* rien du tout – 28 **avoir les cheveux en bataille** zerzaust sein – 33 **inaudible** que l'on ne peut pas entendre

– Je ne t'ai pas compris, dit Ben. Tu peux répéter ? demanda-t-il en s'avançant dans la rue.
– Comment est-ce que tu as pu me faire ça ? dit Armand. Je croyais que tu étais mon ami.
5   – Évidemment que je suis ton ami. De quoi est-ce que tu parles ? Qu'est-ce qui se passe mon vieux ?
– Quoi, tu ne t'en doutes pas ? Après ce que tu as fait, cela devrait pourtant être facile pour toi de deviner !!! cria-t-il.
Des passants s'arrêtèrent et commencèrent à observer la scène.
10 – Armand, quel que soit le problème, il n'est pas nécessaire de faire un scandale devant mon immeuble. Ma famille est appréciée dans le quartier, ce n'est pas la peine de nous faire passer pour des fous furieux. Alors tu te calmes, tu rentres avec moi et on discute.
15 – Non ! C'est très bien que tout le monde nous regarde. Comme ça, ils sauront tous quel genre de type tu es et ce que tu m'as fait !
– Tu veux faire un scandale, très bien ! répondit Ben qui commençait aussi à s'énerver. Mais tu vas me dire ce que tu me reproches tout de suite ou tu dégages !
20 – Tu as essayé de me voler Jane !!!

14 Armand avait passé les deux jours qui avaient suivi la fête en compagnie de Vince et de Jane. L'après-midi du deuxième jour, il était parti en ville avec Vince pour faire des achats. Il était revenu seul à l'appartement de Jane qui se trouvait dans le quartier de l'Écusson.
25 Ce quartier se trouve dans la vieille ville. C'est un vrai labyrinthe de rues étroites et de petites places qui datent du Moyen-Âge. Il avait trouvé Jane assise à la table de la cuisine, fumant une cigarette et buvant un café en silence. Elle avait l'air troublée.
– Qu'est-ce qui se passe ? demanda Armand en s'approchant d'el-
30 le. Tu as un problème ?
– Chéri, répondit Jane, je crois que tu ferais mieux de venir t'asseoir près de moi.
– Qu'est-ce qu'il y a ? Armand commençait vraiment à s'inquiéter.
– Je dois te dire quelque chose, mais j'ai peur de le faire. J'ai peur

19 **dégager** *fam ici:* partir très vite – 28 **troublé, troublée** *ici:* verwirrt – 33 **s'inquiéter** → inquiet

de te blesser. J'ai peur que cela change notre relation.
- Allons, tu sais que tu peux tout me dire. Nous n'avons pas de secret l'un pour l'autre.
- Tu ne voudras jamais me croire.
5 - Dis-le moi, simplement. Je sais que tu ne me mentiras pas.
- Pendant que tu étais en ville, ton ami Ben est passé me voir.
- Ben ? demanda Armand étonné. Qu'est-ce qu'il est venu faire ici ? Comment est-ce qu'il sait où tu habites ?
- Il est venu me voir pour me parler de notre relation, continua
10 Jane sans regarder Armand. Il m'a dit que…
Jane s'arrêta de parler et regarda sa tasse de café.
- Qu'est-ce qu'il a dit ? demanda doucement Armand.
- Il m'a dit que notre relation était condamnée d'avance, que je n'étais qu'une source de problèmes pour toi depuis que nous
15 nous étions rencontrés. Il a dit que nous devions arrêter de nous voir. Je lui ai dit que ça ne le regardait pas, que nous nous aimions et que je voulais protéger notre relation à tout prix. Il s'est mis à rire. Il a dit que je ne pouvais pas avoir de vraie relation avec un gamin dans ton genre, que si je voulais continuer à sortir avec
20 des jeunes, il me fallait quelqu'un qui soit vraiment adulte. Et après, il a essayé de m'embrasser.
- Il a fait ça ? demanda Armand consterné.
- Je me suis mise en colère, continua Jane qui commençait à pleurer. Je lui ai dit qu'il était ignoble et qu'il ne méritait pas ton ami-
25 tié. Alors, il m'a menacée, il a dit qu'il irait me dénoncer à la police parce que je sortais avec quelqu'un de plus jeune que moi. Après ça, j'ai refusé de continuer à l'écouter et je lui ai demandé de sortir.
- Ce n'est pas possible, Jane. Tu me racontes des histoires, dit Ar-
30 mand, incrédule. Pas Ben, il ne me ferait jamais ça.
- Je te promets qu'il est venu me voir, dit-elle. Il s'est mis à hurler, à s'agiter et en sortant, il a continué à me menacer. Il était tellement furieux qu'il n'a même pas remarqué qu'il avait fait tomber son portefeuille en partant.

24 **ignoble** widerlich – 30 **incrédule** qui ne croit pas

Et Jane posa le portefeuille de Ben sur la table de la cuisine.

– Voilà ce qu'elle m'a raconté, dit Armand à Ben. Au début, je ne voulais pas croire cette histoire. Je te croyais incapable de faire ça à un ami. Mais quand elle m'a montré ton portefeuille, j'ai su
5   qu'elle me disait la vérité.

– Mon portefeuille ? demanda Ben. C'est elle qui avait mon portefeuille ? Je le cherche partout depuis deux jours.

– Et en plus, tu vas me dire qu'elle te l'a volé ?

– Mais oui !!!

10   – Pauvre type ! hurla Armand. Je te préviens, j'ai compris ce que tu essaies de faire. Alors laisse-moi te dire quelque chose. Pour moi, tu es mort. Et si tu essaies encore une fois de te mettre entre moi et Jane ou si tu essaies de lui faire des problèmes, je reviens avec Vince et on te casse la gueule !

15   Armand jeta alors le portefeuille aux pieds de Ben.

– Fais attention à tes papiers la prochaine fois !

Et Armand s'en alla. Ben n'essaya même pas de le rattraper. *Oh mon Dieu ! Cette fille est un monstre,* pensa-t-il.

le Palais de Justice

14 **casser la gueule** *fam* battre qn – 14 **la gueule** *fam* Fresse, Schnauze

7

Ben n'osait plus approcher Armand. Nathy avait peur de rencontrer Jane si elle venait voir Armand. Il ne restait donc que Yo. Il était le seul membre du groupe qui supportait encore sa compagnie sans trop de problèmes. Ben lui avait demandé
5 de garder un œil sur lui pour l'empêcher de faire de grosses bêtises. Yo restait donc avec lui le plus souvent possible.

Quelques jours après la dispute, Jane invita les deux garçons à une fête « chez un ami à la campagne ». Armand accepta. En début de soirée, un petit groupe de 6 personnes, composé de Jane, Vince, Ar-
10 mand, Yo et deux autres adultes que les garçons ne connaissaient pas, partit dans deux voitures. Sortis de la ville, ils roulèrent pendant une heure et s'engagèrent rapidement sur des petites routes peu fréquentées. À perte de vue, on voyait des collines recouvertes de buissons, de broussailles ou de vignes. Ici ou là, on apercevait un
15 village ou une habitation, mais en général, les endroits qu'ils traversaient étaient déserts.

– Jane ? demanda Armand. On est encore loin de chez ton ami ? On roule depuis un bon moment.

– On y est presque, répondit Jane. Mais on doit d'abord passer à
20 la maison de campagne de mes parents. Je veux aller récupérer quelques bonnes bouteilles pour ce soir.

Après un bon quart d'heure de route, les voitures s'arrêtèrent près d'un chemin de terre. Vince descendit et leur dit :

– On va faire le reste de la route à pied, je ne voudrais pas abimer
25 les voitures sur un chemin de terre.

– Euh, d'accord, dit Yo.

Parcourant le chemin à pied, le groupe finit par arriver près d'un vieux mas qui avait été réaménagé en villa.

– À partir d'ici, on fait tout en silence, dit Jane.
30 – Pourquoi en silence ? demanda Armand. Je pensais que c'était la villa de tes parents.

– Oui, bien sûr, mais ils sont vieux, je ne voudrais pas les réveiller pour rien.

– Bon, d'accord, répondit Armand, un peu étonné.
35 Vince vint à côté d'eux.

---

14 **un buisson** plusieurs arbres très petits – 14 **une vigne** Weinberg – 24 **abîmer** schädigen – 28 **un mas** [ɛ̃mas] une ferme dans le Sud de la France

– Jane, tu retournes nous attendre aux voitures. Je ne voudrais pas qu'on se les fasse voler pendant qu'on est là. Les autres, vous venez avec moi, on va s'occuper de la cave.

Le groupe alla sur le côté du mas où se trouvait une porte en bois qui donnait sur une cave. Vince sortit une lampe-torche de son blouson, ouvrit la porte et descendit, suivi des deux autres adultes. Yo et Armand restèrent devant l'entrée, ne sachant que faire. Vince les appela :

– Amenez-vous, tous les deux, je vais avoir besoin de votre aide.

– Euh, Armand, chuchota Yo. J'ai vraiment une drôle d'impression. Je crois qu'il vaudrait mieux qu'on rentre.

– Et comment ? demanda Armand. C'est eux qui ont le permis de conduire, je te rappelle.

– Bah, je te dis que j'ai un pressentiment. Ces gens-là, ils vont nous causer des problèmes.

– Tu ne vas pas t'y mettre toi aussi ! Tu es du côté de Ben ou du mien.

Sans attendre la réponse de Yo, Armand descendit rejoindre Vince et ses amis à la cave. Peu de temps après, ils sortirent plusieurs caisses de bouteilles de vin de la cave et commencèrent à les empiler dans le jardin, quand le téléphone portable de Vince se mit à sonner. Il décrocha, porta l'appareil à son oreille et après un moment dit simplement :

– C'est bon.

Après avoir raccroché, il se tourna vers Armand.

– C'était Jane. Elle a oublié de prendre les clefs des voitures. Il faudrait que tu les lui apportes.

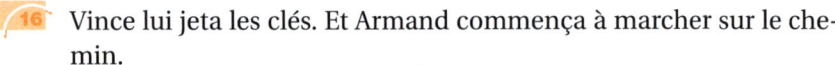

Vince lui jeta les clés. Et Armand commença à marcher sur le chemin.

– Euh, attends, lui dit Yo. Je viens avec toi, je voudr…

– Non, l'interrompit Vince. Tu restes avec moi, on a encore des caisses à transporter et j'ai besoin de tout le monde.

Ils continuèrent à sortir des caisses de vin pendant 10 minutes. Les deux autres adultes commencèrent à les transporter. Vince appela alors Yo depuis la cave.

14 **un pressentiment** une impression, un sentiment – 19 **empiler** mettre les choses les unes sur les autres

– Euh ouais ? Qu'est-ce qu'il y a ? répondit-il.
– Il y a une caisse qui me pose un problème, j'ai du mal à l'attraper. Viens essayer à ma place, tu y arriveras peut-être mieux que moi.
– D'accord, j'arrive.
5 Yo entra dans la cave que Vince éclairait avec sa lampe de poche.
– Ben alors, c'est laquelle, demanda-t-il.
– Celle du fond, dit Vince.
Alors que Yo se dirigeait vers la caisse, Vince sortit de la cave.
– Oh Vince ! cria-t-il. Qu'est-ce que tu fais ? Je ne vais pas réussir à
10 porter cette caisse tout seul !
– Fais un effort Yo, j'ai encore quatre caisses à transporter. J'ai assez à faire comme ça.
– Euh, mais ça va me prendre un temps pas possible pour la traîner jusqu'au bout de la route.
15 – Ce n'est pas grave, répondit Vince. Il n'y a rien qui presse. Allez, on se retrouve aux voitures. À tout à l'heure.

Quand Armand vit arriver Vince, il lui demanda où était Yo.
– Il arrive dans cinq minutes, il termine de transporter une caisse.
Jane se retourna soudain et indiqua une lumière bleue qui venait
20 d'apparaître sur une des collines.
– La police arrive ! Il faut partir tout de suite.
– Pourquoi ? demanda Armand. On ne fait rien de mal ?
– Je ne suis pas chez moi ici. Nous sommes rentrés par effraction.
– Quoi ???
25 – Je t'expliquerai plus tard. Il faut que nous partions tout de suite. Démarre Vince.
Armand était horrifié par les conséquences de ce qu'ils venaient de faire.
– Et Yo ? On ne peut quand même pas le laisser ici. Qu'est-ce qui va
30 lui arriver ?
– Mais rien, répondit Jane. Il est mineur. Même si la police l'arrête, il n'ira pas en prison, c'est la loi. Moi par contre, je risque gros !
Vince mit la voiture en marche et s'engagea sur la route. Les gendarmes ne les virent pas partir. Yo, par contre n'eut pas autant de chance.

11 **transporter** *ici:* bewegen – 13 **traîner** schleppen – 31 **un,e mineur,e** une personne de moins de 18 ans

37

8

Ben passa voir Yo chez lui le lendemain pour savoir comment s'était passée la soirée pour lui et Armand. Quand il arriva devant le pavillon où vivait son ami, il sentit qu'il y avait un problème. Ben entendait le père de Yo crier dans la maison. Il
5 n'arrivait pas à comprendre de quoi il était question, mais l'homme semblait furieux. Ben était effrayé à l'idée de ce qui avait pu se passer. Le père de Yo était, en temps normal, un homme très calme. Pour qu'il se mette dans un état pareil, quelque chose de grave avait dû se produire.

10 Ben sonna à la porte et dût insister longtemps avant que la mère de Yo ne vienne lui ouvrir. C'était une femme plutôt ronde et souriante qui invitait régulièrement toute la bande à rester pour le dîner. Mais aujourd'hui, elle pleurait et ne semblait pas vraiment heureuse de le voir.

15 – Ah c'est toi, Ben ? dit-elle. Je suis désolée, mais Lionel ne peut pas sortir aujourd'hui, il est consigné.
   – Qui est là ? cria le père depuis l'intérieur de la maison.
   – C'est Ben, l'ami de Lionel, répondit la femme.
   – Dis-lui de partir !
20 La mère de Lionel sortit de la maison et referma la porte derrière elle. Les cris à l'intérieur recommencèrent.
   – Il faut que tu partes, Ben. Lionel a eu des ennuis hier, il ne sortira pas aujourd'hui.
   – S'il vous plaît, madame. Cela ne prendra que cinq minutes. J'ai
25 besoin de lui parler un instant. Disons que c'est une question de vie ou de mort.
   – Si c'est juste pour cinq minutes, je vais voir ce que je peux faire.
Elle rentra à nouveau dans la maison et Ben put entendre qu'elle se disputait avec son mari. Il attendit dix bonnes minutes avant qu'el-
30 le n'ouvre à nouveau la porte, Yo était à ses côtés.
   – Cinq minutes, pas plus, dit-elle à son fils. Si tu ne reviens pas à temps, c'est ton père qui ira te chercher.
Puis elle rentra, laissant Ben et Yo devant la maison.
   – Yo, qu'est-ce qui se passe ? demanda-t-il.

---

3 **un pavillon** *ici:* une petite maison de banlieue – 6 **effrayé, effrayée** qui a très peur – 16 **consigné, consignée** *ici:* ne pas avoir le droit de sortir

– J'ai été arrêté par les gendarmes hier soir pour tentative de vol et violation de domicile.
– Comment ça ? Ce n'est pas possible. Qu'est-ce qui s'est passé ?

Yo lui raconta rapidement la soirée. Comment le groupe, Armand et lui avaient été en voiture jusqu'à ce mas, perdu dans les collines. Le fait que Jane et Vince leur ait raconté que la maison leur appartenait, et comment ils avaient vidé la cave de quasiment tout ce qu'elle contenait. Puis Yo lui expliqua que Vince l'avait laissé transporter une caisse de bouteilles beaucoup trop lourde pour lui et que la gendarmerie l'avait arrêté alors qu'il essayait de la traîner jusqu'aux voitures. Il avait passé le reste de la nuit en cellule et son père était venu le chercher le lendemain matin.
– Pff. Depuis, il ne m'a pas lâché.
– Mais enfin, tu ne lui as pas expliqué que ce n'était pas de ta faute ?
– Euh, non. Expliquer quoi ? Que je ne savais pas ce que je faisais, mais que c'est Armand qui m'y a poussé ? Je ne suis pas un traître, je ne vais pas donner mon ami à la police. En plus pour moi, ça ne changerait rien. Mon père a décidé de me punir de toute façon.
– Aïe ! Qu'est ce qu'il a l'intention de faire ?
– Bof, il m'a dit que puisqu'il n'avait pas réussi à m'apprendre le respect et la discipline, il allait devoir trouver quelqu'un d'autre pour me les enseigner. D'après ce que j'ai compris, il va m'inscrire dans un pensionnat très strict près de Toulon.
– Toulon ? demanda Ben choqué. Mais c'est à plus de 200 kilomètres d'ici !
– Ça explique pourquoi j'aurai le droit de revenir à Montpellier uniquement pour les vacances. Je devrai rester là-bas le week-end aussi.
– Oh mon Dieu ! Tu pars quand ?
– La rentrée est en septembre, donc je pars à la fin du mois. Et d'ici là, je n'ai plus le droit de sortir, je ne peux pas téléphoner et im-

2 **une violation de domicile** entrer dans une maison sans y avoir été invité par le propriétaire –
11 **une cellule** *ici:* une pièce où sont enfermés des prisonniers – 13 **il ne m'a pas lâché** *fam* il ne m'a pas laissé tranquille

39

possible de rencontrer les copains. Je ne te raconte même pas la dispute entre mon père et ma mère pour que j'aie le droit de te parler.

Au moment où Ben acheva sa phrase, la porte de la maison s'ouvrit d'un coup, le père de Yo sortit et attrapa son fils par le bras.

– Qu'est-ce que tu fais encore à traîner dehors ? Tu prépares un nouveau mauvais coup ? Je t'avais dit pas plus de cinq minutes.

– Ouais, c'est bon, j'y vais, dit Yo en rentrant.

– Tu fais preuve de respect quand tu me parles et tu vas dans ta chambre maintenant !!! hurla son père.

Le père de Yo resta un long moment sans rien dire, puis comme s'il venait tout juste de remarquer Ben, il lui dit :

– Toi, tu rentres chez toi. Et ce n'est plus la peine de revenir, Lionel est privé de visites.

Il rentra dans la maison et claqua la porte au nez de Ben. Celui-ci sortit alors du jardin et se dirigea vers son scooter. Il prit son téléphone portable et appela Nathy pour lui raconter tout ce qui s'était passé.

– C'est affreux ! répondit Nathy. Qu'est ce que nous pouvons faire pour Yo ?

– Laisse-moi réfléchir, dit Ben. Il faut faire vite, car si nous ne trouvons pas de solution très rapidement, Yo va nous quitter définitivement et je ne vois rien venir de bon pour Armand. Il nous faut arrêter cette fille à tout prix.

---

15 **claquer** *ici:* fermer avec violence

9 Après avoir abandonné Yo à son destin, le groupe était rentré à Montpellier et s'était séparé. Armand et Jane s'étaient finalement rendus à l'appartement de celle-ci. Armand était dans une colère noire. Tant que Vince avait été là, il n'avait osé rien
5 dire. Mais maintenant qu'ils étaient seuls, il ne se retenait plus.

– Tu m'as menti ! Tu m'as pris pour un idiot ! Tu savais très bien que ce que nous faisions était illégal et maintenant Yo s'est fait arrêter par ta faute !

– Écoute-moi un peu et ne dramatise pas tout comme ça, dit Jane
10 d'une voix calme. Je te l'ai déjà dit, ton ami ne craint rien. Il a moins de 18 ans, il n'ira pas en prison. Cela aurait été beaucoup plus grave si quelqu'un d'autre avait été pris, comme Vince ou moi.

– Ce n'est pas une excuse, répondit Armand. Et puis je te signale
15 que si nous avons failli nous faire attraper, c'est quand même parce que tu nous as fait cambrioler cette maison. Tu m'as poussé à faire quelque chose d'illégal !

– D'abord, nous n'avons pas cambriolé une maison, nous avons seulement vidé sa cave pour y prendre les bouteilles qui s'y trou-
20 vaient. Ensuite, je n'ai pas fait ça pour le plaisir. Les propriétaires m'ont volé de l'argent. Nous n'avons fait que voler des voleurs.

– Quoi ? Qu'est-ce que c'est que cette histoire ?

– Quand je suis arrivée à Montpellier, quelques semaines avant de te rencontrer, j'ai travaillé chez ces gens pour gagner un peu d'ar-
25 gent. J'ai fait du ménage, j'ai cuisiné, j'ai fait la baby-sitter…

– Et… ?

– Un jour, les propriétaires sont venus me voir, après que j'ai fini de nettoyer la maison, continua Jane d'une voix faible. Ils m'ont remerciée pour mon travail et ils m'ont dit qu'ils n'avaient plus
30 besoin de moi. Quand je leur ai demandé l'argent qu'ils me devaient, ils ont dit que puisque j'avais travaillé au noir, ils n'avaient pas besoin de me payer. Jane commença à sangloter. J'ai protesté, continua-t-elle, j'ai dit que je ne me laisserais pas faire, mais ils ont ri et ils ont menacé de me faire arrêter par la police, soi-

---

1 **le destin** l'avenir *m*, le futur – 9 **dramatiser** présenter les choses de façon plus grave qu'elles ne le sont en réalité – 14 **signaler** *ici:* rappeler – 16 **cambrioler** tout voler dans une maison – 31 **travailler au noir** travailler sans le déclarer à l'état – 32 **sangloter** pleurer – 32 **protester** protestieren

disant parce que je leur aurais volé de l'argent. Je n'avais plus un sou, il fallait bien que je puisse payer mon loyer. Alors Vince a eu l'idée de vider leur cave et de revendre leurs bouteilles. Il y en a qui valent très cher. Je suis désolée pour ton ami, Armand.

5 Jane pleurait maintenant à chaudes larmes.

– Mais je n'avais pas le choix, dit-elle en se serrant contre Armand.

– Mais Yo non plus, il n'a plus le choix maintenant ! Je ne peux plus continuer à te voir. Impossible de rester avec quelqu'un en qui je ne peux pas avoir confiance.

10 – Ça n'est pas trop grave pour ton ami, mais si on apprend que je suis responsable, j'irai en prison et je ne pourrai plus te voir. Et ça, ce serait trop dur, ajouta-t-elle toujours en pleurs. Je ne sais plus quoi faire, Armand. J'ai peur de finir à la rue, j'ai peur de te perdre.

15 – Si tu veux qu'on reste ensemble, il faut que tu me promettes de me dire toute la vérité. Il faut qu'à l'avenir tu me fasses confiance. Je ne veux plus faire de sales coups comme hier soir. Est-ce que tu peux me promettre ça ?

– Tu me promets de ne pas me quitter, si je te dis tout ?

20 – Bien sûr Jane. Ne te fais pas de soucis. Je t'aime, je veux rester avec toi.

– C'est vrai ? demanda-t-elle d'une petite voix en le regardant droit dans les yeux.

– Bien sûr que c'est vrai. Tu peux me faire confiance.

25 – Alors je te le promets, à l'avenir je ne te mentirai plus. Et puisque je te l'ai promis, il y a une dernière chose que je dois te demander de faire pour moi, et après, je n'aurai plus de problèmes.

---

5 **pleurer à chaudes larmes** beaucoup pleurer – 5 **une larme** Träne

42

la Préfecture

10

Ben et Nathy ne savaient pas comment Jane avait réussi à diviser les jeunes et à détruire l'harmonie dans leur groupe. Pourtant, ce qui était certain, c'était qu'Armand allait être la prochaine victime. Quand on voyait ce qui était arrivé à
5 Yo, on ne pouvait que craindre le pire pour lui.

Puisqu'ils manquaient d'informations, ils avaient décidé de suivre Jane pour en apprendre plus sur elle et ses activités. La technique de filature ne devait pas être trop compliquée et les deux amis étaient fans de séries policières télévisées. Ils ne se faisaient donc pas de
10 soucis, ils étaient sûrs d'y arriver sans se faire remarquer. Il restait néanmoins un problème. Ils ne savaient pas où se trouvait Jane.

Ils passèrent deux journées complètes à errer dans la ville : ils s'étaient servis du peu de renseignements qu'ils avaient. Armand l'avait rencontrée près de la place de la Comédie. Elle avait une

8 **une filature** action de suivre et d'observer qn sans qu'il le remarque – 12 **errer** marcher sans savoir où l'on va

43

vieille Clio rouge, venait de Lyon et d'après Armand, elle vivait dans le centre-ville. C'était peu, mais ils étaient obligés de faire avec. Ils avaient exploré toutes les rues au bord du boulevard périphérique, qui faisait le tour de la vieille ville, pour trouver une Clio ressem-
5 blant à la sienne et ayant une plaque d'immatriculation avec le nu-méro 69, celui du département du Rhône. Sans succès. Ils étaient passés chez le disquaire où Armand avait rencontré Jane, au cas où elle y serait. Rien. Le disquaire lui-même n'avait aucun souve-nir d'elle. Ils avaient fait des recherches dans tout le centre-ville,
10 ils avaient exploré tous les bars et les cafés du vieux Montpellier, dans l'espoir de la croiser, elle ou son frère. Au bout de deux jours, ils étaient épuisés, découragés et sans le moindre indice. Ils avaient fini par aller s'asseoir dans un petit café où aimaient se retrouver les étudiants à l'angle de la rue de l'Université et de la Préfecture,
15 un bâtiment où se trouvaient de nombreuses administrations. En temps normal, avec une météo aussi agréable et en période de va-cances, ils auraient été vraiment contents de faire une pause à cet endroit. Mais aujourd'hui, ils étaient trop désespérés pour appré-cier quoi que ce soit.

20 Assis à leur petite table et le nez dans leur café, ils étaient sûrs que leur plan avait échoué. Leurs amis étaient en difficulté, ils étaient les seuls à pouvoir faire quelque chose pour eux et ils n'avaient pas été capables de les aider.
— Qu'est-ce qu'on fait alors ? demanda Nathy.
25 — Là, j'avoue que je n'ai plus d'idée, répondit Ben rêveur. Nous nous y sommes pris de façon méthodique et ça n'a rien donné. Je sèche.
— Il nous a dit qu'elle s'était inscrite à l'université de lettres. Nous devrions peut-être aller la chercher là-bas ?
30 — C'est les vacances universitaires, il n'y aura personne sur le cam-pus. Et même si ce n'était pas le cas, l'université de lettres compte des dizaines de milliers d'étudiants. Autant chercher une aiguille dans une botte de foin.

---

12 **épuisé, épuisée** très fatigué – 12 **un indice** une trace, un renseignement – 27 **sécher** *fam, ici:* ne pas savoir – 32 **autant chercher une aiguille dans une botte de foin** chercher sans avoir beaucoup d'espoir de trouver

– Ça veut dire que nous en restons là ? Nous allons laisser cette fille faire ce qu'elle veut et poser des problèmes à notre pote ?

– Je n'ai pas dit ça. Mais il nous faut un plan efficace ou nous n'arriverons à rien.

5 – Bon, pendant que tu réfléchis, moi je vais aux toilettes.

Nathy se leva et descendit les escaliers qui amenaient au niveau inférieur du bar. Elle n'était pas partie depuis plus de 30 secondes que Ben la vit revenir à toute vitesse, l'air troublé.

– Qu'est-ce qui t'arrive, Nathy, ça ne va pas ?

10 – Elle est là !

– Qui ?

– À côté des toilettes, il y a une salle de billard. Jane est avec des copains, ils font une partie.

Pour la première fois depuis très longtemps, Ben et Nathy avaient

15 de la chance.

Ben et Nathy allèrent se cacher derrière un recoin des murs d'enceinte de la préfecture. De là, ils pouvaient surveiller les allées et venues du café sans être vus. Ils attendirent vingt bonnes minutes avant que Jane ne sorte. Elle s'arrêta à la porte du bar, mit ses lunet-

20 tes de soleil et commença à descendre la rue de l'Université.

Ben et Nathy la suivirent à distance. La rue présentait un avantage et un inconvénient. Comme elle était très fréquentée, il était facile de se cacher dans la foule, mais cela signifiait aussi qu'ils risquaient de perdre Jane de vue s'ils n'étaient pas assez vigilants. Ils firent

25 donc très attention et peu de temps après, ils virent que Jane était allée rejoindre Vince qui l'attendait dans la rue. Le frère et la sœur s'engagèrent dans une ruelle qui les emmenait dans la vieille partie de la ville où se trouvait la cathédrale. Ben et Nathy les suivirent jusqu'à ce qu'ils entrent dans un vieil immeuble d'habitation haut

30 de trois étages. Arrivés devant la porte du hall d'entrée, Ben se rendit compte qu'elle était fermée.

– Mince ! C'est bloqué. Et on ne peut pas sonner au hasard, nous risquerions de tomber chez eux !

16 **un recoin** un endroit – 16 **un mur d'enceinte** un mur qui entourait une ville autrefois – 24 **vigilant, vigilante** wachsam

45

– Quoi ? Tu ne connais même pas son nom de famille.
– Euh, non.
– J'ai une idée, dit Nathy. Suis-moi.

5 Nathy descendit deux immeubles plus loin dans la ruelle où ils se trouvaient et appuya en même temps sur toutes les touches de l'interphone d'un autre immeuble. Ils entendirent simultanément la voix de plusieurs personnes qui voulaient savoir qui était là, mais ils gardèrent le silence et finalement, quelqu'un finit par débloquer
10 la porte sans vérifier l'identité de ceux qui sonnaient.

Nathy et Ben passèrent la porte, attendirent un moment dans la cage d'escalier, puis grimpèrent jusqu'au dernier étage.
– Et maintenant ? demanda Ben.
– Dans ces vieux immeubles, il y a toujours une trappe au dernier
15 étage pour accéder au toit. Nous allons l'ouvrir et passer par là pour rejoindre l'appartement de Jane.
– Nous ne savons même pas lequel c'est ! protesta Ben.
– Ils ont ouvert une de leurs fenêtres après être entrés, répondit Nathy. Ils habitent au dernier étage. Allez maintenant, aide-moi.
20 Ben fit grimper Nathy sur ses épaules pour qu'elle puisse atteindre la trappe. Elle se hissa sur le toit, puis elle le tira tant bien que mal, pendant qu'il essayait de prendre appui sur les compteurs électriques. Il réussit finalement à la rejoindre, mais il déchira une jambe de son pantalon en montant.
25 – Zut ! Un jeans tout neuf ! Ce n'est pas vrai.
– Arrête de te plaindre et suis-moi. Nous n'avons pas beaucoup de temps.
22 Nathy et Ben commencèrent à marcher avec précaution sur les toits en direction de l'immeuble de Jane. La vue était superbe. Sous un
30 ciel bleu, sans nuages, s'étendait un océan de vieilles tuiles rouges. Un peu plus loin s'élevaient les tours de la cathédrale et au loin, ils pouvaient apercevoir les collines recouvertes de pins au nord de la ville. Les deux amis n'eurent pas le temps d'admirer le paysage, ils

6 **un interphone** un système de communication audio entre une entrée d'immeuble et un appartement – 7 **simultanément** en même temps – 14 **une trappe** Klappe – 15 **accéder** arriver – 28 **avec précaution** en faisant attention – 33 **admirer** avoir du plaisir à regarder

devaient faire très attention. Ces vieilles tuiles étaient très glissantes et les guêpes y faisaient souvent leur nid. Un faux-pas et l'un d'entre eux pouvait tomber de trois étages. Ils parvinrent finalement à l'immeuble de Jane. Ils s'allongèrent sur le toit et en se penchant le
5 plus possible pour s'approcher encore un peu, ils écoutèrent par la fenêtre ouverte ce qui se disait dans l'appartement. C'est Jane qui parlait.
– Mais puisque je te dis de ne pas t'inquiéter. J'ai résolu le problème. Nous pouvons continuer comme prévu.
10 – Ne pas m'inquiéter ? répondit la voix de Vince. Est-ce que tu sais, pour combien de came j'ai acheté ? Je ne veux pas que notre plan échoue parce qu'Armand nous fait une crise de conscience. Tu es sûre de lui ?
Nathy se tourna vers Ben et lui demanda à voix basse :
15 – Est-ce qu'avec ton portable, on peut enregistrer une conversation ?
– Oui, je crois.
– Donne-le moi. Vite !
Elle lui arracha le portable des mains, l'approcha le plus possible de
20 la fenêtre en dessous d'elle et commença l'enregistrement, tout en essayant de ne pas glisser et de ne pas se faire remarquer. Pendant ce temps, Jane continuait à parler.
– Tu peux me faire confiance, je suis sûre de lui. Ce gamin est tellement amoureux de moi que je pourrais lui faire faire n'importe
25 quoi ; je me suis débarrassée de ses copains sans aucun problème et en plus, j'ai réussi à lui faire croire qu'il était devenu mon protecteur.
– Vraiment ? demanda Vince.
– Tu aurais été fier de moi. Je me tenais en face de lui, j'ai pris une
30 petite voix, je lui ai fait des grands yeux et je lui ai dit que sans lui, je serais perdue, que j'avais besoin de lui pour ne pas finir à la rue. Ah ! J'ai vraiment été bonne comédienne. Je mériterais de recevoir un Oscar.
– Alors, il a dit oui ?

---

1 **une tuile** une pierre plate qui sert à construire les toits – 1 **glissant, glissante** rutschig –
11 **la came** *fam* la drogue – 12 **échouer** ne pas réussir – 27 **un protecteur** Beschützer

– Oui. Il a accepté que la drogue soit envoyée par la poste à son adresse tant que ses parents ne sont pas là et il va assurer lui-même les livraisons à nos associés. S'il se fait prendre, tous les problèmes seront pour lui et il ne dira jamais rien car, je cite : « Je
5 ne ferai jamais rien qui puisse nuire à la femme que j'aime. »

– Oh, le naze ! dit Vince en riant. Vous commencez la distribution quand ?

– La came n'arrive que la semaine prochaine, mais j'ai encore un petit stock à revendre. Je le retrouve demain, à 20 heures, à l'Arc
10 de Triomphe. On verra comment il se débrouille en tant que dealer.

– Tu sais que tu es vraiment dangereuse ?

– Je sais ! Et c'est pour ça que tu m'aimes. Et maintenant embrasse-moi.

15 Nathy et Ben se regardaient en silence sur le toit. Ils reculèrent sans faire de bruit pour repartir.

– Avec ce que nous avons là, nous pouvons prouver à Armand qu'elle s'est moquée de lui, se réjouit Nathy.

– Fais-moi écouter, dit Ben.

20 Les deux amis écoutèrent ce qu'ils avaient enregistré sur le toit, mais ils furent rapidement désespérés. La qualité du son était si mauvaise qu'il était impossible de comprendre un seul mot.

---

5 **nuire** faire du mal – 6 **un naze** *péj* un idiot, un crétin – 6 **la distribution** Verteilung

l'Arc de Triomphe

11

Comme Jane le lui avait demandé, Armand s'était rendu à 20 heures devant l'Arc de Triomphe qui signalait l'une des entrées de la vieille cité. La circulation y était très importante, car l'endroit permettait d'accéder directement au pé-
5 riphérique qui ceinturait la ville. Armand attendait donc au pied du vieux monument de quinze mètres de haut construit à la gloire de Louis XIV et observait le parc du Peyrou, de l'autre côté de la ville, où trônait une statue du Roi Soleil. *Ce que je fais est pour la bonne cause. C'est pour Jane*, pensait Armand pour se donner du courage.
10 Il était très mal à l'aise d'avoir accepté de prendre part à un trafic de drogue. *Mais c'est juste pour quelques jours*, se dit-il. *Après, Jane sera tirée d'affaire et nous pourrons rester ensemble sans nous faire de souci pour l'avenir. Et puis quel homme est-ce que je serais si je ne pouvais pas protéger la femme que j'aime* ?
15 – Police !!! cria une voix dans son dos. Tu es en état d'arrestation !
Oh mon Dieu ! Je vais finir en prison ! pensa Armand terrifié.

---

15 **être en état d'arrestation** être arrêté par la police

Mais quand il se retourna, au lieu de voir des hommes en uniforme, il vit Jane qui rigolait.

– Ah, ah ! Je t'ai bien eu, dit-elle. Tu aurais dû voir ta tête. En quelques secondes, tu as changé de couleur.

5 – Ah bravo, Jane ! Très drôle !

– Ne le prends pas mal, c'était pour rire. Bon, tu es toujours prêt à m'aider ?

– Oui, bien sûr.

– Bien. Tout ce que tu as à faire, c'est de prendre le paquet, de mar-
10 cher jusqu'à la gare et de le déposer dans une consigne. Après, tu vas dans le parc en face de la gare et tu laisses la clé de la consigne dans la poubelle devant la fontaine. Tu as bien compris ?

– La poubelle devant la fontaine. C'est bien compris.

Jane lui tendit alors un paquet enveloppé dans un sac plastique et
15 lui dit :

– N'oublie jamais que c'est ma vie que tu as entre les mains. Et quand nous en aurons fini avec tout ça, rien ne pourra plus nous empêcher de nous aimer.

– Je sais. Et c'est seulement pour cette raison que je fais ça pour
20 toi.

Mais au moment où Armand prit le paquet, il entendit quelqu'un l'appeler.

– Armand, Armand, arrête ! Ne pas fais ça.

Ben et Nathy coururent vers lui en lui faisant de grands signes.

25 – Ah non, ce n'est pas possible. Pas eux ! cria Jane en colère.

– Qu'est-ce que vous faites là ? leur cria Armand. Je vous ai dit que je ne voulais plus vous voir !

– Ne fais pas ce qu'elle te dit, Armand, répéta Ben. Elle t'a menti. Cette fille ne t'aime pas, elle se sert de toi.

30 – Jusqu'où vas-tu aller ? répondit Armand. Tu as essayé de me piquer Jane depuis le jour où tu l'as rencontrée. Tu serais prêt à raconter n'importe quoi pour l'avoir.

– Non, Armand, intervint Nathy. Il te dit la vérité. Elle ne t'aime pas. Elle se sert de toi pour son trafic de drogue. C'est pour ça
35 qu'elle t'a menti à propos de Ben et qu'elle a piégé Yo, pour pou-

voir te manipuler plus facilement.

– Personne ne me manipule, répondit Armand très en colère. Et surtout pas Jane.

– Bravo, bien envoyé, dit Jane. Maintenant, tous les deux, tirez-vous ou je passe un coup de téléphone à Vince qui viendra s'occuper de vous.

le parc du Peyrou

Ben et Nathy firent comme si Jane n'était pas là et continuèrent à parler à Armand.

– Elle te ment, dit Ben. Elle a juste besoin de ta maison pour entreposer sa drogue et de toi pour la transporter. Comme ça, si un problème se présente, tu seras le seul à faire face aux conséquences. Elle sait que tu es quelqu'un à qui on peut faire confiance et que tu ne parleras jamais d'elle si tu te fais arrêter !

– Ne les écoute pas, Armand, dit Jane, en s'approchant de Ben. Ils sont simplement jaloux. Ils voient que tu es heureux avec moi et ça les rend malades. Ce sont des gamins minables et ils voudraient que tu sois minable comme eux. C'est pour ça qu'ils veulent nous séparer.

16 **minable** erbärmlich

51

–   Évidemment que je ne la dénoncerai jamais, Ben, dit Armand. Je l'aime. C'est pour ça que je fais tout ça pour elle. Nous nous aimons. Alors, laisse-nous en paix.

–   Elle ne t'aime pas, dit Nathy. Elle t'a menti pour ça aussi. Depuis
5   le début, elle est avec quelqu'un d'autre. C'est la petite amie de Vince !

–   Quoi ? s'exclama Jane. C'est ridicule.

–   C'est son frère ! cria Armand. Tu ne peux quand même pas l'accuser de sortir avec son frère !

10 –   Laisse-les dire et viens avec moi, dit Jane. Nous n'avons pas besoin de les écouter.

–   Je peux prouver ce que je dis ! répondit Ben. J'étais avec Nathy sur le toit de l'appartement de ta « copine », hier après-midi. Elle était avec Vince et tous les deux, ils se moquaient de toi. Nathy
15 a tout enregistré avec mon portable. Tu vas surtout apprécier le passage où Vince dit à Jane qu'elle est vraiment dangereuse et qu'elle répond : « Je sais ! Et c'est pour ça que tu m'aimes. » juste avant de l'embrasser et pas sur la joue, tu peux me croire.

–   Ce n'est pas possible, s'exclama Armand, visiblement troublé.

20 –   Tout est sur mon portable, dit Ben en sortant le téléphone de sa poche et en le tendant à Armand. Tiens, écoute.

Jane qui avait écouté sans rien dire jusque là se précipita soudain sur Ben et lui arracha le portable des mains. Puis, elle le jeta par terre avec rage et le piétina.

25 –   Merci Jane, lui dit Ben en souriant. Ça m'a coûté un portable, mais ta réaction vient de prouver que je dis la vérité. Et à propos, l'enregistrement était de si mauvaise qualité qu'on n'entendait rien du tout.

–   Tu vois Armand, dit Jane. Je t'avais dit que ce n'était que des men-
30 songes.

Armand ne répondit rien. Il pleurait en silence en la regardant. Personne n'osait bouger. Puis au bout d'un moment, il dit à Jane :

–   Tu m'as menti. Tu t'es servie de moi.

–   Écoute… dit Jane.

24 **piétiner** zertrampeln

– Tu ne m'aimes pas.

– Viens avec nous, dit Ben.

– Laissez-moi tranquille. Je ne veux plus vous voir, dit Armand en courant en direction du parc.

5 – Armand, attends-nous ! cria Nathy

Mais Armand n'écoutait pas. Il continuait à courir, sans vraiment savoir où il allait. Il ne pensait qu'à une seule chose. *Elle ne m'aime pas, elle ne m'aime pas…* Il était si triste à cette idée qu'il ne faisait attention à rien d'autre. Aussi, lorsqu'il traversa la rue, il ne put pas

10 éviter la voiture…

la place de l'Europe

12

Début septembre, Yo, Ben et Nathy avaient fait leur rentrée au lycée et repris une vie normale. Les parents de Yo avaient finalement renoncé à l'envoyer à l'internat quand la police leur avait appris ce qui s'était réellement passé le soir où il avait été arrêté.

« Rebellious Minds » n'avait ni joué ni répété depuis qu'ils avaient eu tous ces problèmes. Un groupe de rock sans chanteur ne pouvait pas aller très loin et de toute façon, personne n'avait envie de remplacer Armand. Les trois amis continuaient néanmoins à se retrouver régulièrement entre les cours et au déjeuner. Ils ne parlaient que rarement de ce qui s'était passé pendant l'été. Trop de mauvais souvenirs. Aussi ils furent tous très surpris quand un jour Ben leur dit :

– Armand m'a appelé hier.

– Oh, ce n'est pas vrai ? dit Yo.

– Comment va-t-il ? demanda Nathy.

– Apparemment, il a l'air d'aller assez bien, compte-tenu de ce qui lui est arrivé.

– Qu'est-ce qu'il voulait ?

– Il a de nouveau droit aux visites. Il voulait savoir si je voulais passer le voir.

– Juste toi ? demanda Nathy. Il n'a pas demandé de nos nouvelles ?

– Non.

– Tu vas y aller ?

– Je crois que oui, dit Ben.

Ben décida d'aller voir Armand le soir même après les cours. Il faisait un temps épouvantable. Très souvent, dans cette région, des orages très violents éclatent au mois de septembre. C'était un de ces soirs. Le temps d'arriver au portail de la villa, Ben était déjà trempé. Les parents d'Armand lui ouvrirent la porte et lui montrèrent la pièce où ils avaient installé la nouvelle chambre d'Armand. Elle était maintenant au rez-de-chaussée, plus pratique pour Armand qui se déplaçait en chaise roulante pour le moment.

---

9 **remplacer** ersetzen – 30 **trempé, trempée** ≠ sec

54

Quand Ben ouvrit la porte de la chambre, il trouva Armand allongé sur son lit, en train d'écouter de la musique. Il avait les deux jambes dans le plâtre et la tête couverte de bandages.

– Salut le monstre, tu es encore plus affreux que d'habitude ! lança
5 Ben à Armand. Je n'aurais jamais cru que ce soit possible.

– Salut, mon pote. Je suis content de te voir, répondit Armand. Tu ne m'en veux pas si je reste sur mon lit pendant qu'on discute ? J'ai un peu de mal à me déplacer en ce moment.

– Je vois ça. Qu'est-ce que tu as exactement ?
10 – J'ai eu les deux jambes cassées par le pare-choc de la voiture et une fracture du crâne. Ma tête a traversé le pare-brise et est venue frapper le tableau de bord. À l'hôpital, on m'a dit que j'avais eu beaucoup de chance. J'aurais pu y rester.

– Comment ça se fait que tu n'as pas appelé avant ? On se faisait
15 tous du souci pour toi.

– La police m'a interdit de prendre contact avec qui que ce soit tant que l'affaire n'est pas résolue.

– Et maintenant elle l'est ?

– Et comment ! Tout le réseau a été arrêté. Ils ont trouvé des com-
20 plices jusqu'en Espagne, c'est de là que la drogue a été envoyée jusqu'à chez moi.

– Tout le réseau ? Jane et Vince aussi ?

– Vince a été arrêté par les douanes. Apparemment, il avait l'intention de partir en Espagne.
25 Armand ne dit rien pendant un long moment.

– Jane était avec lui, ajouta-t-il.

– Je suis désolé.

– Tu n'as pas à l'être. Elle m'a pris pour un idiot, elle s'est servie de moi. Vous avez tous essayé de m'avertir, mais je n'ai pas voulu
30 vous écouter. C'est moi qui m'excuse auprès de vous.

– Et pour toi, qu'est-ce qui va se passer maintenant ?

– Comme je suis mineur, jamais condamné auparavant, et qu'il semble que j'aie été manipulé, la juge pour enfants a dit qu'elle saurait se montrer clémente. Quand le dossier passera en justice
35 l'été prochain, je serai sûrement condamné à six mois de prison

13 **y rester** *fam* mourir – 34 **clément, clémente** ≠ dur

avec sursis, et soumis à un contrôle judiciaire.

– C'est-à-dire ?

– Je devrais aller au commissariat toutes les semaines pour prouver que je me tiens tranquille.

5 – Ce n'est pas cool.

– J'avais près de 50 grammes de drogue dure sur moi. J'ai eu beaucoup de chance. Mineur ou pas, j'aurais pu finir en prison pour un bon bout de temps. Ce qui m'a aidé, c'est que j'ai accepté de révéler le nom de toutes les personnes que je connaissais qui

10 était impliquées dans le trafic. Je ne l'aurais jamais fait si je n'avais pas su la vérité pour Jane. Je vous dois une fière chandelle, à vous tous.

– Pourquoi tu n'as pas appelé Yo et Nathy ?

– J'ai honte de la façon dont je me suis conduit avec eux. Et même

15 si j'ai fini par dire la vérité pour ce qui s'est passé avec Yo, je ne crois pas qu'ils aient encore envie de me parler. Vous jouez toujours ?

– Non. Le groupe est mort.

– C'est dommage.

20 – Qu'est ce que tu vas faire maintenant ? demanda Ben.

– Oublier cette fille, attendre que l'affaire soit terminée, que mes jambes aillent mieux, aller au commissariat toutes les semaines et retourner au lycée. Est-ce que tu vois autre chose à faire ?

– Je suis en train de monter un groupe de Rock avec Yo et Nathy. On

25 est à la recherche d'un bon chanteur. Tu serais intéressé par une audition ?

– Je vais y réfléchir, répondit Armand en souriant, pour la première fois depuis très longtemps.

Environs de Montpellier

Palavas-les-Flots

Sète

l'Etang de Thau

Village du Languedoc

Activités après l'écoute ou la lecture

1 Présentez les membres du groupe « Rebellious Minds ».

2 Qui joue de quoi ?

Lisez les descriptions ci-dessous. En vous aidant du texte, trouvez de quel instrument de musique il s'agit. Chaque membre de « Rebellious Minds » joue ou a joué d'un de ces instruments. Retrouvez l'instrument qui convient à chacun d'entre eux

> un violon • un piano • une trompette •
> une guitare • une basse • une batterie

Instrument	Armand	Nathy	Ben	Yo
1. Un instrument à cordes.On pince les cordes avec les doigts pour en jouer. Il existe des modèles électriques.	☐	☐	☐	☐
2. Un instrument électrique à cordes. Il joue des sons graves.	☐	☐	☐	☐
3. Un instrument à piston dans lequel on souffle.	☐	☐	☐	☐
4. Un groupe d'instruments à percussion.	☐	☐	☐	☐
5. Un instrument à cordes. On en joue à l'aide d'un archet.	☐	☐	☐	☐
6. Un instrument de musique à clavier dont les cordes sont frappées par des marteaux.	☐	☐	☐	☐

les cordes f Saiten – *un son grave* Bass – *un piston* Ventil – *souffler* blasen – *un instrument à percussion* Schlagzeug – *un archet* Bogen – *un marteau* Hammer

3 Répondez aux questions.

1. Quel est le style musical de « Rebellious Minds » ?

2. Où habitent les membres du groupe ?

3. Pourquoi le groupe décide-t-il d'aller en ville au lieu de travailler les textes de ses chansons ?

4 Cochez la bonne réponse.

1. Quand Nathy s'est présentée à l'audition, les garçons

a. l'ont tout de suite acceptée et lui ont offert la place de guitariste. ☐

b. se sont moqués d'elle avant de se rendre compte qu'elle était très douée. ☐

c. ont voulu la prendre comme chanteuse. ☐

d. lui ont expliqué qu'elle s'était trompée d'endroit car elle venait auditionner pour être prise comme pianiste dans le groupe. ☐

2. Ben est mécontent du groupe parce que/qu'

a. leur dernier concert n'a pas eu beaucoup de spectateurs. ☐

b. le message qu'ils essaient de faire passer n'est pas compris par le public ☐

c. le rock, c'est dépassé. Il veut que le groupe fasse du rap. ☐

d. en dix mois d'existence, le groupe n'a pas écrit une seule chanson valable. ☐

3. Après avoir écouté la répétition du groupe dans le garage, le père d'Armand pense que

a. tout est parfait, le groupe ne doit absolument rien changer. ☐

b. les textes doivent être retravaillés et que le groupe doit apprendre à jouer plus fort. ☐

c. les textes doivent être retravaillés et que le groupe doit jouer moins fort pour que l'on puisse entendre les mélodies. ☐

d. les textes doivent être retravaillés, mais les mélodies sont particulièrement belles. ☐

Chapitre 2

1 Réflexion.

À votre avis, pourquoi Nathy est-elle choquée qu'Armand embrasse une femme plus âgée que lui ?
Mettez-vous à la place de Nathy. Comment réagiriez- vous ?

2 Répondez aux questions.

1. Pourquoi les membres du groupe doivent-ils se baigner dans la mer plutôt que dans une piscine ?

2. Quel événement est organisé par la mairie de Montpellier chaque année pour le 14 Juillet ? À quel endroit ?

3. Pour quelle raison Armand a t-il évité ses amis pendant dix jours ?

3 Mots cachés.

Douze mots du chapitre 2 sont cachés dans cette grille.
Retrouvez-les.

P	I	S	C	I	N	E	E	L	F	T	C	I	P	P
Q	E	T	P	H	L	C	C	H	O	E	U	R	U	L
X	E	T	R	O	U	E	D	A	S	Z	R	U	J	A
K	L	U	O	B	R	E	Z	N	O	R	B	M	C	G
M	B	B	U	X	Y	U	R	G	Q	N	C	E	I	E
G	I	E	S	U	I	T	R	A	V	E	R	S	N	K
G	N	A	S	D	D	G	T	O	E	D	Y	C	O	F
R	E	T	E	U	U	O	M	E	F	I	A	N	T	E
U	P	N	C	D	R	H	S	A	Y	C	Z	D	I	U
O	U	J	E	S	E	N	O	G	I	T	N	A	R	O

4 Cochez la bonne réponse.

1. Quand Ben est à la plage, les autres le trouvent insupportable, car

a. il veut tout le temps qu'ils aillent se baigner. ☑
b. il ne veut rien faire d'autre que bronzer. ☐
c. il n'arrête pas de comparer la plage et la piscine d'Armand. ☐
d. il se plaint tout le temps, car il trouve la plage très sale. ☒

2. En voyant la nouvelle amie d'Armand pour la première fois, Nathy la trouve

a. franchement moche. Qu'est-ce qu'Armand peut bien lui trouver ? ☐
b. très belle. Et en plus, elle a l'air très sympa. ☐
c. très jolie, mais elle a quelque chose qui la met mal à l'aise. ☒
d. sympathique et très marrante. ☐

3. Quand Armand aperçoit ses amis le soir du 14 Juillet, il est

a. mal à l'aise. Il ne sait pas trop quoi leur dire. ☐
b. ravi de les voir. Il insiste pour leur présenter sa nouvelle copine. ☐
c. en colère contre eux et n'a rien à leur dire. ☒
d. gêné. Il s'en va avec son amie avant qu'ils ne les aperçoivent ensemble. ☐

1 Lisez le chapitre 3 et classez les actions suivantes dans l'ordre où elles sont présentées dans l'histoire. Si le classement est juste, vous devriez trouver un mot qui définit bien Jane.

R
Armand fait visiter la ville à Jane.

E
Armand se montre méchant avec Nathy.

E
Nathy pense qu'Armand est un peu trop jeune pour sortir avec Jane.

N
Il aperçoit une belle femme rousse dans le magasin.

D
Les copains d'Armand lui demandent comment il a rencontré sa nouvelle amie.

A
Armand va chez son disquaire pour y trouver l'inspiration.

S
Armand dit à ses copains qu'il a menti à Jane pour se rendre plus intéressant.

E
Armand apprend que la femme rousse s'appelle Jane.

G
Elle lui demande conseil pour choisir une chanson.

U
Armand dit à ses copains qu'il a invité Jane à la répétition.

1	2	3	4	5	6	7	8	9	10
E	O	C	H	N	E	S	S	I	E

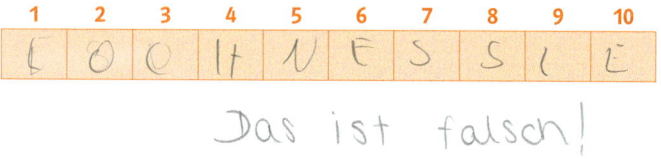

Das ist falsch!

2 Répondez aux questions.

1. Quelle est, d'après Armand, la meilleure version de « All along the watchtower » ?

2. Pourquoi Armand se montre-t-il méchant avec Nathy ?

3. Pourquoi est-ce que les amis d'Armand ont du mal à le croire lorsqu'il affirme qu'il est mature ?

3 Vrai ou faux ? Mettez une croix dans la bonne case.

	vrai	faux
1. Jane, la nouvelle amie d'Armand est étudiante en philosophie.	☒	☐
2. La place de la Comédie est une place piétonne.	☒	☐
3. Dès qu'Armand aperçoit la femme rousse dans le magasin, il décide d'aller lui parler.	☐	☒
4. Nathy a des doutes sur la qualité de la relation entre Armand et son amie.	☐	☒
5. Armand se comporte comme quelqu'un de très mature.	☒	☐
6. Armand a déjà fait une tournée avec un groupe en Angleterre.	☐	☒
7. Ben est content que l'amie d'Armand vienne à la répétition.	☒	☐
8. Pendant dix jours Armand a fait découvrir la ville à sa nouvelle amie.	☒	☐

4 Un peu de tourisme. (Travail en groupes)

Viel Spaß

Armand a fait faire un circuit touristique à son amie pour qu'elle découvre les beautés de sa ville, mais il est loin d'avoir tout montré. En vous basant sur ce que vous pouvez trouver sur Internet (Sur le site de l'office de tourisme de Montpellier par exemple : http://www.ot-montpellier.fr), organisez un circuit touristique de deux jours.

Faites découvrir d'autres monuments, des restaurants, organisez des activités, etc…

Proposez votre programme à la classe.

Chapitre 4

1 La répétition aurait pu bien se passer, mais ça n'a malheureusement pas été le cas.
Retrouvez les contraires (antonymes) des mots ou expressions suivants.

1. être de bonne humeur ≠ *être mal hmeur*

2. un succès ≠ ....

3. gentil ≠ ....

4. mettre en confiance ≠ ....

5. concentrer ≠ *deconcentrer*

6. détendre ≠ *énerve*

7. la facilité ≠ *difficulté*

8. l'harmonie (en musique) *f* ≠ ....

9. enrichir ≠ ....

10. épatant ≠ ....

2 Répondez aux questions.

1. Comment est-ce que Jane s'est comportée pendant la répétition ?

2. Pourquoi Armand est-il furieux contre le groupe à la fin de la répétition ?

3. Selon Ben, pourquoi la répétition n'a-t-elle pas été le succès qu'avait espéré Armand ?

3 Cochez les bonnes réponses.

1. Après avoir écouté la répétition, Jane pense que

a. le groupe n'est composé que de gamins à qui on ne peut pas trop
   en demander. ☐
b. le groupe a un grand avenir dans la musique folklorique
   auvergnate. ☒
c. les amis d'Armand sont vraiment très doués. Ils vont très vite
   devenir célèbres. ☐
d. les musiciens ont du potentiel, mais ils ont encore besoin de
   travailler. ☐

2. Nathy et Ben sont furieux contre Armand, car

a. il a laissé Jane partir trop tôt. Ils n'ont pas eu le temps de jouer
   leur meilleur morceau devant elle. ☐
b. il ne les a pas emmenés en Angleterre pour sa tournée de l'été
   dernier. ☒
c. il a fait pleurer Nathy. ☐
d. quand il est avec Jane, il devient méchant et méprisant envers
   ses amis. ☐

3. Armand a peur de perdre Jane parce que/qu'

a. ses amis ne l'aiment pas. ☒
b. par rapport à elle, il se sent trop jeune et pas assez cool. ☐
c. elle aime la musique et que celle d'Armand n'est pas assez bonne. ☐
d. il lui a menti. Il n'a jamais fait de tournée en Angleterre. ☐

4 « Tu as raison, tu es vraiment quelqu'un de très mûr. »

Imaginez qu'Armand se soit vraiment comporté comme un jeune homme
très mûr et complétez le dialogue suivant en vous aidant du chapitre 4.

La répétition vient de finir en fiasco :

Jane : Bon, je crois que j'en ai assez entendu. Je te remercie beaucoup
pour l'invitation Armand, mais tu ne voulais pas me faire écouter du rock aujourd'hui ? Ca ressemblait plutôt à une bourrée
auvergnate.
Armand : Attends Jane. Ce n'est pas sympa de te moquer. Ce n'est pas de
leur faute si ça s'est mal passé.

J : Et ce serait la faute de qui ?

A : ....

J : Pourquoi est-ce que ce serait la tienne ?

A : ....

J : Qu'est-ce que ça peut faire qu'ils ne soient pas au courant que je viens les écouter ? Vous n'arrivez pas à vous concentrer et vous avez peur d'un public composé d'une personne. Qu'est-ce que ça va être en concert ? Tu m'as dit que vous aviez un super niveau.

A : ....

J : Comment ça, exagéré ?

A : ....

J : Tu m'as menti à ton sujet et à propos de tes amis ? Mais pourquoi ?

A : ....

J : Ouais, je vois. Et bien, laisse-moi te dire que ce n'était pas très adulte.

A : ....

J : Non ! Pas question que je continue à te voir.

A : ....

J : Ça ne change rien que tu aies été honnête avec moi, tu n'es qu'un gamin. C'est un homme que je veux.

A : ....

J : Tu as raison. Si je tenais à toi, je te prendrais comme tu es. Donc, je ne dois pas vraiment tenir à toi. Salut !

Chapitre 5

1 Répondez aux questions.

1. Pourquoi est-ce que Ben, Yo et Nathy n'ont pas trouvé la fête d'Armand à l'endroit qu'il leur avait indiqué ?

2. Le couple qui sert les boissons à la soirée se moque des amis d'Armand. Pour quelle raison ?

3. Quel prétexte utilise Jane pour monter Armand contre ses amis ?

2 Cochez les bonnes réponses.

1. Lors de leur première rencontre, Vince n'est pas très sympa avec Ben, Yo et Nathy. Comment essaie-t-il de se faire pardonner ?

a. iI s'excuse et leur offre quelque chose à boire. ☐
b. il s'excuse et les présente à ses amis. ☒
c. il s'excuse et leur propose des « cigarettes améliorées ». ☐
d. Vince ne s'excuse pas. Il est cool et quand on est cool, on est désagréable ! ☐

2. Vince ne veut pas aider son ami à trouver plus de bois pour le feu parce que/qu'

a. il ne veut pas arracher les barrières dans les dunes, ce serait du vandalisme. ☐
b. iI discute avec des clients potentiels. ☐
c. les feux sont interdits sur la plage. Il a peur de se faire arrêter par la police. ☒
d. iI discute avec ses nouveaux amis et c'est quand même plus sympa que de chercher du bois. ☐

3. Nathy veut qu'Armand reparte avec le groupe, car

a. elle trouve que la fête devient vraiment ennuyeuse et elle ne veut pas qu'Armand passe une mauvaise soirée. ☒
b. elle est jalouse de Jane. Elle veut Armand pour elle toute seule. ☐
c. Armand a trop bu. Il ne pourra pas rentrer chez lui tout seul. ☐
d. elle a peur de ce qui peut lui arriver s'il continue à fréquenter Jane et ses amis. ☐

67

3 Mettez une croix dans la bonne case.

	vrai	faux	pas dans le texte
1. La plage est couverte d'ordures.	☒	☐	☐
2. Armand est complètement ivre.	☒	☐	☒
3. Vince a déjà été arrêté par la police.	☐	☒	☐
4. Yo ne supporte pas l'alcool.	☐	☐	☒
5. Ben veut rester à la soirée.	☒	☐	☐
6. Armand pense que Jane devrait être plus sympa avec ses amis.	☒	☐	☐

4 Montrez que vous connaissez bien les personnages.

Trouvez les adjectifs qui conviennent aux personnes correspondantes. Attention, un adjectif peut correspondre à plusieurs personnes ou peut ne pas être attribué.

1. Méthodique		_Méthodique_
2. Dangereuse	**Ben**	
3. Beau		_Râleur Beau_
4. Râleur	**Nathy**	
5. Immature		_sensible, immature_
6. Sensible	**Yo**	
7. Charismatique		_Grand, Charismatique_
8. Grand	**Armand**	
9. Maigre		_Talenteuse, Maigre_
10. Talentueuse	**Jane**	
11. Studieux		_Dangereux, Studieux_
12. Hypocrite	**Vince**	

Chapitre 6

1 Discutez des thèmes suivants en classe.

1. Bien qu'Armand connaisse ses amis depuis longtemps, il choisit de faire plutôt confiance à Jane. Pourquoi fait-il ce choix ?

2. Si vous étiez à la place de l'un de ses amis, que feriez-vous pour essayer de lui faire comprendre la situation ?

3. Pensez-vous qu'il soit possible d'aider une personne qui ne veut pas qu'on l'aide ?

2 Cochez les bonnes réponses.

1. Armand en veut à Ben parce qu'il

a. l'a laissé seul avec les amis de Vince et Jane pendant la fête sur la plage. ☐
b. essaie de faire chanter Jane. ☐
c. a monté Yo et Nathy contre Jane. ☒
d. a appelé la police et raconté qu'Armand avait été enlevé. ☐

2. Jane a raconté à Armand que Ben était venu chez elle pour

a. lui demander de s'excuser pour son comportement à la plage. ☐
b. lui demander où était passé Armand. ☒
c. le critiquer et essayer de sortir avec elle. ☒
d. lui rendre son portefeuille qu'elle avait perdu. ☐

3. Armand est sûr que Ben était chez Jane, car

a. Vince lui a dit qu'il l'avait vu passer chez sa sœur. ☐
b. Armand l'a aperçu alors qu'il quittait l'appartement de Jane. ☐
c. Jane le lui a dit et sa parole lui suffit. ☒
d. Jane lui montre le portefeuille qu'elle dit avoir trouvé dans l'appartement. ☒

3 Répondez aux questions.

1. Où est-ce que Jane habite exactement ? Décrivez l'endroit.

2. Quelle est la première réaction d'Armand lorsque Jane lui raconte ce qui s'est passé dans son appartement ? Comment son attitude évolue-t-elle ?

3. De quoi est-ce qu'Armand menace Ben s'il devait essayer de se mettre entre elle et lui ?

4 Complétez le résumé du chapitre avec le vocabulaire ci-dessous.

appartement, causer, colère, crier, dehors, demander, depuis, flirter, embrasser, expliquer, menace, mensonges, mineur, nouvelles, papiers, directement, passé, prison, raconté, relation, reproche, troublé

Alors que Ben et Nathy sont sans ...*crier*... d'Armand ...*dehors*...

deux jours, celui-ci vient ...*depuis*... chez Ben. Ben remarque qu'il

a l'air ...*flirter*... et très en ...*raconté*.... Mais avant qu'il puisse lui

...*reprove*... ce qui lui était arrivé, Armand se met à ...*directement*... et lui

...*passé*... d'avoir essayé de ...*relation*... avec Jane.

Jane a ...*troublé*... à Armand que Ben était ...*mensonges*... la voir chez elle.

Il lui aurait dit qu'elle ne faisait que leur ...*menace*... des ennuis à lui

et au groupe et que la ...*expliquer*... entre elle et Armand devait finir. Il

aurait, après ça essayé de l'...*embrasser*... et comme elle ne voulait pas, il

l'aurait menacée de la faire mettre en ...*depuis*... pour être sorti avec un

...*colère*.... Elle l'aurait alors jeté ...*papiers*.... Ben aurait été si énervé

qu'il ne se serait pas rendu compte qu'il avait oublié ses ...*prison*...

dans l'...*nouvelle*....

Ben essaie d' *rappeler* à Armand que ce ne sont que des *papiers,*

mais Armand refuse d'écouter. Il *....................* Ben et s'en va.

1 Répondez aux questions.

1. Quel est le seul membre du groupe qui puisse encore approcher Armand sans problèmes et pourquoi ?

2. Pourquoi Yo n'est-il pas revenu à la voiture quand les autres ont dû partir à toute vitesse ?

3. Pourquoi Jane insiste-t-elle pour quitter la maison de ses « parents » avant l'arrivée de la police ?

2 Cochez la bonne réponse.

1. Pourquoi Jane veut-elle faire un arrêt chez ses « parents » avant d'aller à la fête ?

a. Elle ne les a pas vus depuis longtemps. Elle voudrait bien leur dire bonjour. ☐
b. Elle veut leur présenter Armand, l'homme de sa vie. ☐
c. Elle a oublié ses clés de voiture à Montpellier. Elle vient récupérer un double chez eux. ☒
d. Elle veut prendre plusieurs caisses d'alcool. ☐

2. Quand Vince demande à Yo et Armand de l'aider à vider la cave, Yo

a. hésite à le faire, il a un drôle de pressentiment. ☒
b. aide Vince sans discuter. Il a vraiment envie de lui faire plaisir. ☐
c. râle un moment avant de le faire. Il n'a pas envie de porter des bouteilles. ☐
d. refuse de bouger de la voiture. Si Vince veut son alcool, il peut vider la cave tout seul ! ☐

3. Selon Jane, ce n'est pas si grave que Yo se fasse arrêter par la police, car

a. son père est policier. Il le fera sortir de prison très rapidement. ☐
b. il n'a rien fait de mal. La police n'a aucune raison de l'envoyer en prison. ☐
c. il est encore mineur. La justice ne peut pas le condamner à une peine de prison. ☐
d. il a l'air inoffensif. Les policiers ne croiront jamais qu'il a pu faire quelque chose de mal. ☐

3 Trouvez dans le texte un synonyme pour les mots soulignés.
Réécrivez les phrases en entier.

1. Armand n'avait plus qu'un ami. Yo était le seul encore capable de <u>tolérer</u> son comportement.
2. Le groupe <u>circule</u> en voiture un long moment avant d'arriver à la villa.
3. S'ils roulent sur ce chemin, ils vont <u>endommager</u> les véhicules.
4. Yo appelle Armand et <u>lui dit à voix basse</u> qu'il se sent inquiet.
5. Yo doit rester avec Vince pour l'aider à <u>déplacer</u> les caisses jusqu'aux voitures.
6. Yo voit où il doit aller, car Vince <u>illumine</u> la cave avec sa lampe de poche.
7. Quand Yo se plaint que porter la caisse va lui prendre du temps, Vince lui dit qu'il n'a pas besoin de se <u>hâter</u>.
8. Dès qu'elle l'aperçoit, Jane <u>montre</u> la lumière bleue aux autres.
9. Si Jane se fait arrêter, elle ira en <u>détention</u>.
10. Armand est <u>épouvanté</u> par ce que le groupe vient de faire à Yo.

4 Mots croisés

Prenez les mots que vous avez trouvés dans l'exercice précédent et en vous aidant des définitions ci-dessous, placez-les dans les emplacements qui conviennent. Vous découvrirez alors un verbe qui montre dans quel état d'esprit se trouve Yo après le départ des autres.

1. Détériore.
2. Faire que les choses aillent plus vite.
3. Endroit où les criminels sont enfermés.
4. Tolérer sans se plaindre.
5. Se déplacer dans un véhicule à roues.
6. Scandaliser.
7. Murmure à quelqu'un.
8. Amener d'un point à un autre.
9. Désigne quelque chose.
10. Fait entrer plus de lumière dans un endroit.

Chapitre 8

1 Répondez aux questions.

1. Comment les parents de Yo reçoivent-ils d'habitude les amis de leur fils ?

2. Qu'est-il arrivé à Yo une fois que les autres ont quitté la villa ?

3. Quelle est l'attitude des parents de Yo à l'égard de Ben ce jour-là ?

2 Cochez les bonnes réponses.

1. Pour punir son fils, le père de Yo va

a. demander qu'il soit envoyé en prison comme un adulte. Ça lui donnera le sens des responsabilités. ☐

b. l'envoyer dans un internat très strict à 200 kilomètres de Montpellier. ☐

c. le forcer à s'engager dans l'armée. ☑

d. lui payer un voyage à l'étranger. Le père de Yo est contre toute forme de punition. ☐

2. Yo va devoir quitter Montpellier

a. dès aujourd'hui. Il doit juste finir de faire ses valises. ☑

b. début septembre, quand le reste du groupe fera sa rentrée scolaire. ☒

c. à la fin du mois. ☐

d. dès que la réservation pour le vol aura été faite. ☐

3. Yo a refusé d'expliquer ce qui s'était vraiment passé à son père car

a. son père est tellement en colère qu'il refuserait de toute façon d'écouter. ☐

b. son père n'entend pas, ce qui explique qu'il crie beaucoup et Yo ne connaît pas très bien le langage des signes. ☐

c. il sait que sa mère sera moins sévère avec lui. Il attend juste une occasion pour pouvoir parler avec elle. ☑

d. il refuse de tout mettre sur le dos d'Armand. Quand Yo a un ami, c'est à la vie et à la mort ! ☒

3 Quels mots de la liste ci-dessous n'apparaissent pas dans le chapitre ?

> lendemain ▪ autorité ▪ punition ▪ furieux ▪ effrayé ▪ discipline ▪ gendarme ▪ régulièrement ▪ consigné ▪ musique ▪ cris ▪ insister ▪ quasiment ▪ traître ▪ avouer ▪ pavillon ▪ pensionnat ▪ grave ▪ dispute ▪ appartement

4 Réflexion

« Je ne suis pas un traître. » déclare Yo à Ben lorsqu'il lui demande pourquoi il n'a pas dit la vérité pour se tirer d'affaire.

Être fidèle à ses amis est très important. Mais selon vous, existe-t-il des circonstances où l'amitié doit passer au second plan ?
Travaillez vos arguments et menez un débat en classe.

Chapitre 9

1 Cochez les bonnes réponses.

1. Jane dit à Armand que durant les premières semaines où elle a vécu à Montpellier, elle a

a. cambriolé beaucoup de maisons. C'est fou ce qu'on peut trouver dans les logements des autres. ☐

b. cherché un appartement. Elle a eu beaucoup de chance de trouver celui-ci. ☐

c. fait du tourisme. L'arrière-pays héraultais est vraiment très beau. ☒

d. travaillé comme « bonne à tout faire » pour le couple qui habite la villa qu'ils ont cambriolée. ☐

2. Jane dit à Armand que ce dont elle a le plus peur,

a. c'est qu'il ne lui fasse plus confiance. Et elle a vraiment besoin qu'il lui fasse confiance. ☒

b. c'est de finir en prison. 9 mètres carrés pour 3 personnes, ce n'est vraiment pas assez ! ☐

c. c'est de le perdre pour toujours. Ça lui briserait le cœur. ☐

d. ce sont les araignées. Surtout celles qui se cachent dans la baignoire. ☐

74

3. Armand accepte de faire confiance à Jane si

a. elle se débrouille pour que Yo ne soit pas puni. ☐
b. à l'avenir, elle lui dit toujours la vérité. ☐
c. elle lui donne une part de l'argent gagné avec le vol des bouteilles.
   Il a pris des risques lui aussi. ☐
d. elle va présenter ses excuses aux propriétaires de la villa. ☒

2 Mettez une croix dans la bonne case.

	vrai	faux	pas dans le texte
1. Armand est furieux contre Jane car Yo s'est fait arrêter.	☒	☐	☐
2. Armand n'ose rien dire devant Vince car il a peur de lui.	☐	☒	☐
3. Jane peut raconter ce qu'elle veut, Armand sait qu'il ne peut pas lui faire confiance.	☐	☐	☒
4. Jane dit qu'elle s'est fait voler de l'argent par les propriétaires de la villa que le groupe a cambriolée.	☐	☐	☒
5. Jane a un dernier service à demander à Armand.	☐	☒	☐
6. Jane ne pense pas un mot de ce qu'elle promet à Armand.	☒	☐	☐

Chapitre 10

1 Répondez aux questions.

1. Quel est le plan original de Ben et Nathy pour retrouver Jane ?

2. Quelle est la véritable relation entre Vince et Jane ?

3. Comment est-ce que Vince considère l'affection d'Armand pour Jane ?

2 Cochez les bonnes réponses.

1. Ben et Nathy réussissent à retrouver Jane grâce

a. à la chance. Ils sont tombés sur elle par hasard. ☐

b. à la persévérance. Ils ne se sont jamais découragés. ☐

c. à l'intelligence de Ben. Son plan a parfaitement fonctionné
(ce qui ne l'étonne pas). ☒

d. à l'intuition de Nathy. Elle a « senti » que Jane était dans ce café. ☐

2. Pour rentrer dans l'immeuble de Jane, Nathy a

a. sonné à l'interphone et s'est fait passer pour une livreuse. ☒

b. fait le code qu'elle connaissait. ☐

c. appuyé sur toutes les touches de l'interphone en espérant que
quelqu'un lui ouvre. ☐

d. attendu que quelqu'un sorte de l'immeuble. ☐

3. Quand Ben et Nathy écoutent l'enregistrement qu'ils ont fait sur
le toit

a. ils sont heureux. Avec ce qu'ils ont là, Armand va enfin
comprendre qui est Jane. ☒

b. ils sont impressionnés. La qualité du son sur ce portable est
vraiment extraordinaire. ☐

c. ils sont embêtés. Ils ont effacé l'enregistrement par erreur. ☐

d. ils sont désespérés. La qualité du son est si mauvaise que l'on
ne comprend rien du tout. ☐

3 Vrai ou faux ?

Mettez une croix dans la bonne case.

	vrai	faux
1. Nathy est troublée car elle a aperçu Jane dans les toilettes pour femmes du café.	☒	☐
2. L'appartement de Jane se trouve dans la vieille ville de Montpellier.	☒	☐
3. Ben déchire sa chemise et son pantalon en grimpant pour atteindre la trappe.	☐	☒
4. La vue sur les toits est magnifique et Ben et Nathy prennent le temps de l'admirer.	☐	☒
5. Sur les toits, les deux amis doivent faire attention de ne pas glisser.	☒	☐
6. Vince se fait du souci à propos des amis d'Armand	☐	☒
7. Jane a mauvaise conscience à cause de ce qu'elle fait à Armand.	☒	☐
8. Vince aime Jane surtout parce qu'il la trouve dangereuse.	☒	☐

4 Réfléchissez et argumentez.

Quel est l'objectif du plan de Jane et Vince ? Expliquez-le et récapitulez toutes les actions qu'ils ont entreprises jusqu'ici.

Chapitre 11

1 Répondez aux questions.

1. Quelle tâche est-ce que Jane confie à Armand ?

2. De quoi Jane accuse-t-elle Ben et Nathy pour qu'Armand se détourne d'elle ?

3. Comment Ben et Nathy arrivent-ils à prouver que Jane a menti à Armand ?

2 Cochez la bonne réponse.

1. Armand se sent obligé d'aider Jane parce que/qu'

a. s' il hésite, Vince va le tuer. ☒
b. un homme n'est pas un homme s'il ne protège pas la femme qu'il aime. ☐
c. il sait qu'il va pouvoir gagner beaucoup d'argent grâce au trafic. ☐
d. ce qu'elle lui demande de faire n'est pas si grave et il aime bien rendre service. ☐

2. Si Armand se fait arrêter par la police, Jane espère qu'il

a. va accuser Vince. ☒
b. se rendra compte que vendre de la drogue n'est pas une bonne chose. ☐
c. trouvera un moyen de s'évader. ☐
d. ne dira rien et ira en prison sans accuser personne. ☐

3. Quand Armand réalise que Jane ne l'aime pas, il réagit

a. de façon calme. Il la laisse là et repart avec ses amis. ☐
b. en prenant la fuite. Il ne veut voir personne. ☐
c. de façon agressive. Il se jette sur Jane pour la frapper. ☒
d. comme un enfant, il se met à pleurer. ☐

3 En quête d'inspiration.

Jusqu'ici, le groupe n'a pas réussi à écrire les paroles d'une seule chanson valable, car Armand et Yo avaient des problèmes pour trouver l'inspiration. Avec tout ce qui vient de se passer, ils ont maintenant quelque chose à raconter.

Mettez-vous à plusieurs et écrivez le texte d'une chanson racontant ce qui est arrivé à Armand.

4 Réflexion.

Les choses ont mal fini pour Armand.

1. Pensez-vous que ses amis auraient dû gérer le problème d'une façon différente ? Argumentez.

2. Qu'auraient-ils pu faire pour éviter le drame qui s'est déroulé sous leurs yeux ?

Chapitre 12

1 Répondez aux questions.

1. Qu'est-il arrivé au groupe « Rebellious Minds » après qu'Armand a été renversé par la voiture ?

2. Pourquoi Armand a-t-il attendu la fin de l'été pour reprendre contact avec Ben ?

3. Qu'est-il arrivé à Jane et Vince ?

2 Cochez la bonne réponse.

1. Armand ne veut pas appeler Yo et Nathy parce qu'il

a. a honte de la façon dont il s'est comporté avec eux et a peur de leur réaction. ☐
b. n'a aucune envie de leur parler. Le seul qui ait vraiment essayé de l'aider, c'est Ben. ☐
c. n'est pas autorisé par la police à appeler qui que ce soit. ☒
d. sait qu'ils sont très en colère contre lui et il n'a pas envie de se disputer avec eux. ☐

2. Même s'il a expliqué à la police ce qui s'est passé, Armand doit

a. payer une très grosse amende pour l'accident de voiture qu'il a provoqué. ☒
b. aller en prison. Avoir 50 grammes de drogue dure sur soi, ce n'est pas rien. ☐
c. faire un travail d'intérêt général dans l'hôpital où il a été soigné. ☐
d. se présenter au commissariat toutes les semaines. ☐

3. Que propose Ben à Armand à la fin de l'histoire ?

a. De le mettre en contact avec des dealers qu'il connaît. Personne ne le soupçonnera maintenant. ☐
b. De passer une audition pour un nouveau groupe de rock. ☒
c. De pousser sa chaise roulante quand il a envie de sortir. ☐
d. Rien du tout ! Ben refuse de continuer à lui parler. ☐

3 Maintenant que vous avez lu l'histoire, classez les actions suivantes dans l'ordre où elles se sont déroulées. Si votre classement est juste, vous devriez trouver ce qui a sauvé Armand.

T
Malgré la conduite d'Armand, ses amis sont décidés à l'aider à tout prix.

É
Armand est sauvé par ses amis qui lui prouvent que Jane lui a menti.

M
Jane devient la petite amie d'Armand.

I
Jane réussit à convaincre Armand de vendre de la drogue.

I
À cause de Jane, Armand se fâche avec ses amis.

A
Armand rencontre Jane.

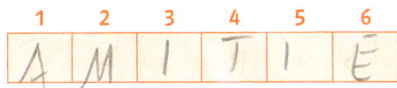

1	2	3	4	5	6
A	M	I	T	I	É

4 Après la lecture de toute l'histoire.

À votre avis, quel personnage est le plus sympathique ? Lequel est le plus antipathique ? Justifiez votre opinion.

5 Et après ? Armand redeviendra-t-il le chanteur de « Rebellious Minds » ? Le groupe deviendra-t-il célèbre ? Finiront-ils par faire une tournée en Angleterre ?

Imaginez comment les quatre amis se sont retrouvés et ce qu'ils sont devenus par la suite.

Recette de la région Languedoc-Roussillon

Tarte aux figues *(dessert généralement réalisé pendant l'arrière-saison)*

Sur une pâte sablée que vous aurez fait précuire à four chaud (thermostat 8), déposez des tranches de figues fraîches et quelques noix. Servez avec une glace à la vanille.

Recette de la pâte sablée

pour 6 personnes :

250 g de farine	125 g de beurre	80 g de sucre
un œuf	une pincée de sel	

Préparez la pâte : Disposez la farine en fontaine, mettez au centre le sel, le sucre et le beurre coupé en petits morceaux. Mélangez ces éléments en les frottant entre les paumes des mains pour donner un aspect sableux à la préparation, ajoutez-lui l'œuf. Dès que la pâte est lisse, roulez-la en boule, abaissez-la au rouleau, garnissez-en un moule à tarte beurré, piquez le fond pour qu'il ne gonfle pas. Faites cuire 15 mn au four (thermostat 8) et laissez refroidir.

Si vous laissez reposer la pâte 2h au réfrigérateur avant de l'abaisser au rouleau, elle n'en sera que meilleure.

Vous pouvez mettre sur la pâte des haricots blancs avant de la mettre au four. Ainsi, elle gardera bien la forme du moule.

Le passé simple

In *L'intrigante de Montpellier* verwendet der Autor eine Zeit, die von Ihnen möglicherweise nicht so bekannt ist. Diese Zeit heißt *passé simple*. Sie ist in der Narration unverzichtbar, also in der geschriebenen Sprache. Sie hat die gleiche Funktion wie das *passé composé*, das ihr schon lange kennt.

In der Lektüre kommen hauptsächlich Formen der 3. Person Singular und Plural vor.

Sie werden wie folgt gebildet.

1 Regelmäßige Verben auf **-er**		
demand-ER	elle/il demand-**a**	elles/ils demand-**èrent**
entrer-ER	elle/il entr-**a**	elles/ils entr-**èrent**
essay-ER	elle/il essay-**a**	elles/ils essay-**èrent**

2 Regelmäßige Verben auf **-ir** und auf **-re**		
ouvr-IR	elle/il ouvr-**it**	elles/ils ouvr-**irent**
sort-IR	elle/il sort-**it**	elles/il sort-**irent**
sent-IR	elle/il sent-**it**	elles/ils sent-**irent**
descend-RE	elle/il descend-**it**	elles/ils descend-**irent**
reprend-RE	elle/il repr-**it**	elles/ ils repr-**irent**
répond-RE	elle/il répond-**it**	elles/ils répond-**irent**
suiv-RE	elle/il suiv-**it**	elles/ils suiv-**irent**

3 Unregelmäßige Verben		
être	elle/il **fut**	elles/ils **furent**
avoir	elle/il **eut**	elles/ils **eurent**
lire	elle/il **lut**	elles/ils **lurent**
faire	elle/il **fit**	elles/ils **firent**
dire	elle/il **dit**	elles/ils **dirent**
voir	elle/il **vit**	elles/ils **virent**
mettre	elle/il **mit**	elles/ils **mirent**
revenir	elle/il rev**int**	elles/ils rev**in**rent
retenir	elle/il ret**int**	elles/ils ret**in**rent
se souvenir	elle/il se souv**int**	elles/ils **se** souv**in**rent

Le gérondif

In der Lektüre kommt noch eine weitere Verbform vor, die im Unterricht vielleicht noch nicht behandelt worden ist. Sie existiert auch nicht im Deutschen: sie heißt das *gérondif*.

1 Bildung des *gérondif*

Das *gérondif* wird aus der 1. Person Plural Präsens gebildet. Davon wird die Endung *-ons* durch *-ant* ersetzt. Die Präposition *en* wird davor gesetzt.

SERRER	SORTIR	DESCENDRE
nous serr-ons	nous sort-ons	nous descend-ons
en serr**ant**	**en** sort**ant**	**en** descend**ant**

Achtung! Diese drei Ausnahmen werden auf jeden Fall gelernt :
ÊTRE (en étant), AVOIR (en ayant) und SAVOIR (en sachant)

Das *gérondif* ist unveränderlich.

2 Gebrauch des *gérondif*

1. p. 42 … dit-elle *en se serrant* contre Armand. (= *als/während* sie sich an Armand anschmiegte.)
2. p. 50 … *en* lui *faisant* de grands signes. (= *und* winkten ihm heftig zu.)
3. p. 56 … répondit *en souriant* (= antwortete Armand *lächelnd*.)

Das *gérondif* kann Temporalsätze, Modalsätze oder Konditionalsätze verkürzen.

Achtung! Verwende das *gérondif* nur dann, wenn **in Haupt- und Nebensatz das gleiche Subjekt** steht bzw. gemeint ist.

Liste des abréviations

≠	antonyme de
→	mot de la même famille
f	féminin
fam	familier
m	masculin
péj	péjoratif
qc	quelque chose
qn	quelqu'un

Crédits photographiques

Fichier audio en ligne

Der komplette Hörtext ist kostenlos online verfügbar.

Klett Online-Link
k6i3dv

Abspielbar…

- online
- auf MP3-Player
- von Audio-CD*

Neben der Audio-Datei finden Sie dort auch die komplette Trackliste mit den Verweisen auf die Kapitel, die Seiten im Buch sowie die Abspieldauer der einzelnen Tracks.

* Die MP-3-Dateien dürfen für den persönlichen Gebrauch konvertiert und auf Audio-CD gebrannt werden.